KB150788

미셸 푸코, 철학의 자유

Michel Foucault: The Freedom of Philosophy
by John Rajchman

Michel Foucault, the Freedom of Philosophy
미셸 푸코, 철학의 자유

존 라이크먼 지음
심세광 옮김

그린비

서론

의견 차이, 오해, 격렬한 논쟁이 오랫동안 미셸 푸코의 저작을 둘러싸고 벌어져 왔다. 광범위한 합의에 도달하기는 대단히 어려웠다. 여기에는 많은 이유가 있을 수 있지만, 그중 몇몇은 푸코의 계획이 갖는 성질 자체에서 발견되어야 할 것이다.

1. 푸코는 자신의 작업이 단일한 프로그램에는 결코 들어맞지 않도록 조치함으로써 언제라도 새롭고 다른 것을 시작할 수 있는 권리를 확보해 두었다. 그는 자주 생각을 바꾸어 새로운 길로 나아갔다. 그렇게 하는 것을 그는 하나의 미덕, 더 정확히 말하면 하나의 의무로까지 만들었다. 그 어떤 사상의 교의, 방법, 학파도 뒤에 남겨 두지 않으려 했던 것이다.

2. 그의 작업은 몇몇 다른 학문 분야와 중첩되었으며, 그 어떤 분야라도 어느 한 분야에 오롯이 속하는 일은 결코 없었다. 그는 기성 학문 분야의 가설에 이의를 제기할 필요성을 느꼈는데, 그의 의견에 따르자

면 우리 학문 분야의 경계는 단지 우연적이고 역사적인 것에 지나지 않는 것이다.

3. 그의 저작은 당혹스러울 정도로 명확하면서도 구체적이었다. 합리성이나 준거들에 골몰하는 분석철학자들이 논의의 대상으로 삼았던 바로 그 저작(『감시와 처벌』)은, 자신의 생활조건에 대해 고심하는 프랑스 수형자들에게도 읽혔다. 푸코는 문학교수들을 격노케 했지만 많은 작가와 비평가들은 그에게 호감을 표시했다. 신비하고 잊혀진 담론을 재구성한 그의 난해한 작품은 베스트셀러가 되었다. 푸코는 범죄, 성, 광기, 질병에 관한 구체적이고 또 때로는 미해결된 문제를 아카데믹한 철학적 논의 속으로 끌어들였고, 또 중대한 문제들을 새로운 방식으로 고찰하도록 사람들을 종용했다. 이와 같이 그의 작업은 비판적이고 실천적이었으며 그 의도에서는 정치적이기까지 했다. 그렇지만 무엇이 그의 작업을 이렇게 만드는지를 명확히 규정하는 일은 여전히 매우 어렵다. 그 작업은 마르크스나 프로이트의 이론과 실천 간의 관계 모델에 쉬이 합치되지 않으며, 일상 생활이나 일상 언어를 재발견하려는 철학적 시도의 한 예도 아니다.

그의 작업은 단일한 방법이나 교의가 갖는 수미일관성을 결여하고 있고 또 그것을 거부하기 때문에, 또 어떤 단일한 기성 학문 분야에도 속하지 않기 때문에, 그리고 특수한 종류의 실천적이거나 정치적인 효과를 갖기 때문에 그의 작업은 상이하고, 자주 상호 모순되는 수많은 해석을 발생시켰다. 푸코는 구조주의자 또는 포스트구조주의자, 비합리주의자, 상대주의자, 무정부주의자, 허무주의자 등과 같은, 그가 그렇게 불리기를 거부했던 여러 이름으로 불려왔다.

나는 그의 사상에 붙일 또 하나의 철학적 명칭을 제시하고자 한다. 이것이야말로 어떻게 이런 난감한 사태가 발생하게 되었는지를 설명해 주고 혹은 그 사태가 어떻게 그 자체로 하나의 수미일관된 기획의 소산인가를 설명해 준다. 이 기획에 내가 부여하려는 철학적 명칭은 허무주의가 아니라 회의주의이다. 푸코는 우리 시대의 위대한 회의주의자이다. 그는 독단적 통일성과 철학적 인간학을 회의한다. 그는 분산과 특이성의 철학자이다.

섹스투스 엠피리쿠스Sextus Empiricus가 푸코의 선구자다. 푸코 철학의 목표는 확실한 진리가 아니라 철학적 독단에 대해 판단을 유보할 자유, 그리고 그 독단들이 우리의 삶과 사상에 야기하는 제약들로부터 벗어날 자유인 것이다. 그는 대구법으로 충만한 수사를 창안하여 우리 시대를 위한 일종의 영혼의 평정ataraxia에 도달하는 판단중지epoche를 초래한다. 요컨대 인습적이고 독단적인 가설에 의존하지 않고 우리의 모더니즘 문화를, 우리의 비판 사상을, 우리의 정치 과제를 어떻게 계속할 것인가를 숙고한다. 푸코가 자신의 회의주의적 논거로 철학적 독단에 맞서는데, 섹스투스 엠피리쿠스 때에는 아직 이런 독단과 맞서 싸울 필요가 없었다.

철학의 전통에 따르면 칸트가 잠에서 깨어난 것은 데카르트나 로크의 독단에 대한 흄의 회의주의 덕택이었다고 한다. 푸코의 회의주의는 이제 칸트에게서 비롯된 잠에 대항하는데, 교조주의의 권위뿐만 아니라 표상체계의 확실성에까지 의혹의 눈길을 던진다. 정신이 가장 쉽게 인식하는 것은 정신 자체라는 데카르트의 명제에 대한 흄의 회의를 푸코는 우리의 포스트칸트주의 시대로 연장한다. 그는 우리가 날조해 온 우리 자신에 대한 다양한 형태의 지식과 담론에 대한 회의주의적 분석을 제시하는데, 이는 선험적 주체성과 구성적 인간학이 채택한 여러 독단적 명제들을 유보하는 분석이나. 정신병에 대한 우리의 개념처럼, 경험에 대한 어떤 특정한 개념이 다양한 여러 제도와 담론들 속에서 자연스러운 것 또는 자명한 것으로 당연시될 때, 푸코는 판단을 유보한 채로 특이하고 우연적인 역사적 실천의 여러 작용들을 찾아내려 한다. 푸코를 읽는다는 것은 누군가가 정신병을 앓고 있다거나 범죄자적 인격 혹은 동성애적 인격을 갖고 있다거나 그것들이 자명한 것이라고 말해지는 사태에 대해 회의주의적 태도를 취하는 것이다.

푸코는 보편주의적 역사, 인간학적 토대, 그리고 여러 주요 도식과 관련된 포스트칸트주의 교의에 대한 회의주의를 부추긴다. 우리 문명에 대한 장대하고 통일된 서술에 대해, 해석의 통일적 도식들이나 체계적 도식들 혹은 사회 변화에 대한 통일적 도식들 혹은 체계적 도식들에 대해, 또 인간의 본성이 우리의 지식이나 정치 제도의 토대가 된다고 상정하는 가설에 대해 푸코는 판단을 유보한다. 그는 보편주의적 서술 대신 우리 기원의 다양성과 특이성을 탐구하고, 통일된 학문이나 합리성 대신 지식의 변화하는 수많은 실천들을 탐색하며 우리의 본성이나 우리의 언어에 기초한 하나의 단일한 인간 경험 대신 누차 다시 시작되고 변형되는 경험의 특정한 형식들의 발명을 탐색한다.

우리의 다양한 학문, 언어, 추론 형식, 경험 유형, 권력구조와 억압구조는 통일된 것도 시간을 초월한 것도 아니다. 그것들이 그러해야 한다고 주장하거나 가정하는 것은 일종의 독단론이다. 이것은 마치 우리의 지식 전체가 단일한 통일적 세계와 관련되어야 한다거나 단일한 추론 방법을 채택해야 한다는 것과 마찬가지이고, 또 우리 담론들의 총체가 단일한 구조를 가진 논리나 단일한 기능을 지닌 언어체계에 속해야 한다는 것과 같으며, 마치 우리의 모든 경험이 우리의 본성이나 언어가 우리에게 지시하는 단일한 구조로부터 생겨나야 한다는 것과 마찬가지이다. 이러한 인습적 전체성에 대해 푸코는 회의적 태도를 취하고, 어떻게 우리가 그 전체성 없이도 전진할 수 있는지를 제시한다.

이처럼 그는 '경험 일반'에 대한 고전적인 회의의 질문을 하는 것이 아니라, 우리의 여러 학문, 여러 합리성, 여러 주체성, 여러 언어 또는 여러 지배 테크닉을 '경험 일반'과 같은 단일한 철학적 범주에 포함시키려는 생각 자체에 회의적으로 문제를 제기한다. 그는 외계의 실재에 대해서가 아니라, 단 하나의 통일적 사물, 즉 유일한 세계가 있다는 가설에 대해서 회의적이다. 푸코의 회의주의에서 모든 것을 동시에 회의하는 것은 의미가 없다. 그는 전체성에 회의적이기 때문에 전체적 회의주의를 갖고 있지 않다. 그러므로 그는 지식, 합리성, 혹은 주체성을 일반적으로 분석하지 않는다. 그의 회의주의는 각각의 상황에 따라 나름대로 행해진다. 거기에는 끝이 없으며, 그것은 항상적인 문제제기이다.

그의 회의주의는 그 어떤 경우에도, 더 단순한 어떤 다른 영역에서 확실성을 수립하려는 의도를 갖지 않는다. 그는 물자체로 돌아가자거나, 일상생활 혹은 일상 언어로 돌아가자고 제안하지 않는다. 우리는 독단론적 곤경 끝에서 간결하고 소박한 삶을 되찾을 수 있으리라는 희망을 가질 수 없다. 일정 형식의 경험, 지식 또는 권력의 자명성에 물음을 제기하는 것은 사유나 행동의 새로운 가능성들을 열고자 하는 우리의 목적을 위해 그것들을 자유롭게 만드는 것이다. 푸코 회의주의의 윤리적 원칙인 이 자유는 비합리주의, 무정부주의, 허무주의 등으로 오해되어 왔다.

왜냐하면 독단적 통일로부터의 자유, 구체적 사상 체계의 자명성으로부터의 자유야말로 푸코의 계획과 그 계획 특유의 난해함의 핵심에 놓여 있기 때문이다. 푸코의 회의주의는 역사적이며, 그 회의의 시선은 어떤 분산된 역사적 과정을 불변하고 통일적인 어떤 것으로 변환시킴으로써 발생하는 독단주의에 대항하는 쪽으로 향한다. 우리는 저자, 작품, 학문 분야의 통일성을 당연한 것으로 여기고 또 근거 있는 것으로 여기지만, 그것은 역사적으로 구성된 것이다. 이렇게 독단적 통일성으로부터 해방된 덕분에 푸코는 단일한 학문 분야에서 출발해야 한다거나, 단일하고 올바른 방법을 고수해야 한다는 생각으로부터 해방된 사고방식을 갖게 된다. 푸코는 자신의 회의주의적 자유가 단일한 전통에 속하기보다는 다수의 여러 전통에 속한다고 생각하고 있으며, 그것들에 대한 새로운 사유를 촉발시키려고 노력한다. 그의 작업은 그 어떤 기성의 유파나 운동에도 경도되지 않으면서 시작된다. [속할 수 있는] 공동체, 명성, 추종자도 없고, 또 확고한 정체성이나 '저자의 얼굴'이 없는 그의 독특한 저술 윤리에서 관건이 되는 바는 바로 이 회의주의적 자유의 물음이다.

회의주의적 자유는 또한 그의 분석에서 정치적 의도를 규정한다. 요컨대 그는 우리로 하여금 성, 정신병, 범죄성을 범주화할 수 있게 해

주는 것, 즉 그것들을 비역사적이고 당연한 것으로 여기는 것을 중단시키려 시도하고, 또 멈춰 서서 이런 범주들의 배후에 있는 역사에 대해 물음을 던지려고 한다. 그리고 이런 범주들이 그 내부에서 더 이상은 구성적 역할을 하지 않는 그런 삶의 형태들을 상상할 수 있도록 우리를 해방하려 한다. 바로 이러한 시도들이 그의 분석을 실천적이고 구체적으로 만든다. 그러나 그의 정치적 회의주의는 하나의 문제제기이지 확실한 진리이나 합리적 기반 혹은 규범적 방책을 발견하려는 시도는 아니다.

푸코의 회의주의는 정신병이라는 범주로부터 시작된다. 최초의 저작(『정신병과 인격』)에서 그는 이 범주에 대한 판단을 유보하고, 그 범주를 과거로까지 소급적용하는 데 이의를 제기하고, 그 범주를 가능케 한 사유체계를 발견하려 했다. 그 범주 없이 산다는 것이 어떤 의미인지 그는 물었다(이 점에서 그는 랭Ronald Laing이나 사스Thomas Szasz와 의견을 달리한다. 즉 그는 정신병의 본성이나 치료에 관한 대안적 이론을 전혀 제기하지 않았다).

이러한 회의주의는, 오해를 불러일으키는 속칭 '구조주의' 내에서 더 광범위한 철학적 원군을 발견했다. 구조주의는 푸코의 퓌론Pyrrhon(기원전 그리스의 회의주의 철학자)적 위기였다. 즉 인류학과 정신분석학에서의 형식적 모델의 사용, 전위적 글쓰기에 초점을 맞춘 모더니즘 비평의 출현, 그리고 과학사에서의 바슐라르적 전환, 이것들은 모두 [본질로서의] 구성적 주체를 부정했고, 이렇게 해서 칸트로부터 내려오는 철학적 인간학의 독단에 대항하는 위대한 회의주의적 도전의 도화선에 불이 붙게 되었다고 그는 생각했다.

그러나 푸코의 회의주의는 구조주의가 우리 지성사에서의 위대한 '사건'이라는 견해를 뛰어넘는 것이었다. 그는 그러한 견해를 지지하지 않았고, 그와는 다른 더 세밀하고 특수한 방식으로 '인간중심주의'의 독단에 대해 끊임없이 문제를 제기했다.

그는 과학사에서의 일반적인 바슐라르주의적 전통 내에 머물러 있었고 자신이 '사유 체계의 역사'라 명명했던 것에 몰두했다. 그는 그 역사의 본성에 관한 자신의 관점을 가다듬었다. 니체의 '계보학'이 그 모델을 제공한다. 그는 정신분석학과 인류학이 우리의 사유에 깊은 '단절'을 구성하지 못한다고 생각하기에 이른다. 『성의 역사』에서 그는 이러한 균열의 느낌을 약화시키거나 역전시키는 방식으로, 사유체계의 약도를 수정해 그린다. 그러나 우리가 그의 사유 속에서 이 단절을 발견하는 것은 주로 모더니즘에 대한 그의 태도 변화 속에서이다.

문학적 모더니즘에서 푸코는, 체계화된 이성의 원리와 토대론적 인본주의라는 관념에 강박적으로 매달려 있는 문화를 대신할 수 있는 낭만적 대안을 모색했다. 그는 정신병이 아닌 광기와 언어의 표상적 패러다임에서 벗어나는 글쓰기를 발견했고, 이 둘은 위반적 '대항담론' 내에서 서로 결합되었다. 그러나 그는 이러한 견해를 용인할 수 없었고 자신의 초기낭만주의를 버리게 된다.

낭만주의로부터 자기 자신을 해방시키면서 그는 자신의 회의주의적 수사修辭의 기반으로서의 언어 이론도 포기하고 그가 [계획한] 역사의 핵심으로서의 '언어란 무엇인가?'라는 물음과도 연을 끊는다. 그는 이제 더 이상 언어나 구조주의에 기반을 두지 않는 방식으로 주체에 대한 문제제기를 이어 나간다. 그는 물음의 범위를 확장시켰으며 이제 그의 물음은 문학적 성격을 덜어내고 보다 더 구체적인 것이 되었다.

그는 역사 속에서 단순히 저자와 저작 그리고 학문 분야라는 구성된 통일성에 대한 물음을 던진 것이 아니었다. 그는 새로운 역사적 유명론을 고안했고, 혁명이냐 개혁이냐의 양자택일에 종속되지 않는, 특정 상황에서의 저항의 정치전략을 창조했다. 이로 인해 좌파로서의 그의 정치참여를 둘러싼 문제들이 제기되며, 그는 지식인들의 현실참여가 갖는 성질의 변화, 즉 보편적 지식인 역할로부터 특수 지식인 역할로의 변화를 세심하게 고찰한다. '억압 가설'이라 부른 것에 이의를 제기하면서 그는 정치적 비판의 성질 자체를 재고했다. 그가 고안한 비판 모델은 하버마스의 신칸트주의적 모델과 다르다. 그의 비판은 합리적 규범들을 사용하여 국가나 사회를 일반적으로 분석하려는 시도라기보다는 오히려 우리의 구성된 경험 속에서의 끊임없는 '시민불복종'이다.

이러한 성찰과 분석을 관통하는 선이 하나 있다. 바로 내가 자유의 문제라고 부르는 것이다. 인간중심주의에 대한 푸코의 질문은 자유사상의 한 윤리로 전환된다. 즉 추상적 자유에 대한 보편주의적 내러티브와 그 추상적 자유에 대한 인류학적 확언을 유보하면서 푸코는 우리의 관심을 아주 구체적인 자유 쪽으로 돌려놓는 것이다. 우리가 그 안에 머물고 있는 어떤 사유체계들 및 해결하기 어려운 경험 형식들에 대한 끝없는 문제제기 속에서 글을 쓰고 사유하며 살아간다고 하는, 아주 구체적인 자유 쪽으로 말이다.

푸코가 말하는 자유는 어떤 종말을 갖는 과정으로서의 해방이 아니다. 각 개인이 소유하는 것으로서의 자유도 아니다. 그것은 그의 회의주의를 [지탱하는] 원동력이자 원리, 즉 구성된 경험에 대한 끊임없는 문제제기이다. 푸코는 새로운 종류의 역사분석을 통해 우리 시대의 회의주의를 재창조한다. 그것은 우리의 현대성에 대한 회의주의이며 우리의 자유에 대한 물음이다.[1)]

1) 「푸코 이후의 윤리」("Ethics After Foucault")에서 나는, 『성의 역사』 제1권에서 제3권에 이르기까지 푸코의 실천적인 역사적 회의주의가 어떻게 고대의 고전 문헌들에 적용되었는지 상세히 논한 바 있다. 그 결과 윤리에 대한 새로운 사고방식이 창출된다.

차례

미셸 푸코, 철학의 자유

Michel Foucault, the Freedom of Philosophy

일러두기

1 이 책은 John Rajchman, *Michel Foucault: The Freedom of Philosophy*, Columbia University Press, 1986을 완역한 것이다.
2 푸코의 저서는 따로 저자를 표시하지 않고, *Dits et Ecrits*는 *DE*로 표기했다.
3 단행본 · 정기간행물에는 겹낫표(『 』)를, 논문 · 단편, 회화 · 영화 등의 작품명에는 낫표(「 」)를 사용했다.
4 외국 인명과 지명, 작품명은 2002년 국립국어원에서 펴낸 외래어표기법을 따랐다.

I. 모더니즘의 종말

문학이론의 최후를 고하는 백조의 노래

"1960년대에 우리가 목격한 에크리튀르의 극단적 이론화는 아마도 [죽기 전에 단 한 번 운다는] 백조의 마지막 노래에 지나지 않을 것이다. 그 이론화를 통해 작가는 자신의 정치적 특권을 보존하려고 투쟁해 왔다. 그렇지만 쟁점이 되었던 것은 분명 이론 그 자체였고, 언어학, 기호학, 정신분석학에 기초한 과학적 자격증명이 필요했는데, 이 이론은 소쉬르나 촘스키 등의 입장에 준거한 것이었고, 이 이론에 입각해 그저 그런 작품들이 많이 생겨났다. 이 모든 것들은 작가의 활동이 이제 더 이상 사태의 중심에 있지 않다는 것을 보여 준다. [···] 우리 눈 앞에서 '대작가'의 소멸을 체험하고 있는 것이다."[1)]

1977년 푸코는 자신의 소논고들 중 몇몇이 이탈리아어로 출판될

---

1) *DE II*, no° 192, "Entretien avec Michel Foucault", p. 155와 *DE I,* no° 106, "Les intellectuels et le pouvoir", p. 1181 및 『나, 피에르 리비에르』 우리말역(심세광 옮김, 앨피, 2008) 11~12쪽, 원서 pp. 12~13에서도 유사한 비난이 발견된다.

때, 그 서문을 위한 인터뷰에서 이렇게 선언했다. 그는 '사회학적 의미에서가 아니라 정치적 의미에서의', 즉 정치 투쟁에서 지식 및 전문지식의 활용이라는 관점에서 '새로운 계급'의 지식인에 대한 소소한 이야기를 들려준다. 그의 설명에 따르면 오펜하이머와 같은 과학기술 분야의 지식인이 졸라와 같은 문학 분야의 지식인을 대신하고 있다. 저술가-지식인writer-intellectual이란 만인의 양심이 되려고 노력하며, 보편적 정의와 평등을 방패 삼아 권력남용과 부의 오용에 반대한다. 노동자들의 보편적 계급의식을 명확히 하는 저술가라는 '퇴색한' 마르크스주의적 이념이 그 한 예이다. 이러한 저술가-지식인이 자취를 감추고 있다. 그를 대신해 현재는 대학 및 '특수' 지식인이 있다. 전문 지식을 필요로 하는 특정한 정치 투쟁에 관여하는 특수 전문 지식인이 존재하는 것이다.

1960년대, "에크리튀르의 극단적 이론화"에 대한 푸코의 이 혹독한 발언은 이러한 상황에서 나온 것이다. 주지하듯이 이 문제는 1970년대 미국 대학에서 재등장했고 오늘날에도 여전히 엄청난 토론거리다. 푸코에 따르면 보잘것없는 문학작품들이 기술관료제의 문화 속에서 살아 남는 데 보다 용이한, 인식론이나 언어학 그리고 과학이라는 옷을 걸치고 있었던 것이다.

이 비난을 어떻게 해석해야 할까? 내 생각에 이 비난은 문화적인 면에서의 극적 전환에 푸코 자신이 참여했다는 사실을, 즉 지식인의 정치적 자화상의 변화와 결부된 모더니즘 감성의 소멸에 푸코 자신이 참여했다는 사실을 함축하고 있다. 푸코의 작업은 이 변화에 대한 진단 및 견해를 구성한다. 따라서 그가 1960년대 전위문학에 맹렬한 비난을 퍼부을 때 그것은 '정치적 의미'에서의 지식인들의 일대기 속에서 행해진다는 것, 그 비판의 중점이 지식과 전문지식의 문제('계몽'의 문제[2])에 있다는 것, 그리고 "우리를 사로잡고 또 규정하는 이 역사성은 언어적이라기보다는 호전적인 것입니다. 의미관계가 아닌 권력관계인 것입니다"라는 발언에서도 알 수 있듯 '권력'의 문제가 언어 문제에 선행한다고 기술하는 것, 이 모든 것은 우연이 아니다.[3]

(롤랑 바르트와 푸코 모두가 최초의 모더니즘 작가로 여길 만하다고 보는) 플로베르는 모더니즘 문학이 갖는 '반부르주아적' 목적을 예증하는 아마도 최초의 인물일 것이다. 그것은 플로베르가 '대중의 반란'이나 진보의 관념에 대항하는, 또 당대의 저널리즘, 감상적 잡지류, 진부한 교양인의 문화에 대항하는, 즉 언어를 황폐화시켜서 대작가가 언어의 주도권을 쥐지 못하도록 방해했던 진부한 교양인들의 문화에 대항하는 새로운 문단의 귀족을 만들어 냈기 때문이다. 한마디로 말해서 플로베르는 유럽에서 통례적으로 미국과 동일시되던 '대중문화'에 반대했던 것이다. 푸코가 저술가의 임박한 소멸을 고했던 1977년에 바르트는 여전히 전위파 저작활동의 사명은 '부르주아 언어'와의 대립이라고 보고 있었다.[4]

---

2) *DE II*, no° 219, "Introduction par Michel Foucault"(「미셸 푸코에 의한 서문」)[조르주 캉길렘의 『정상적인 것과 병리적인 것』(*Le normal et le pathologique*)의 영역판(*On the Normal and the Pathological*, Boston, D. Reidel, 1978)에 들어간 서문] 또한 다음의 제목으로 발표됨. Michel Foucault, "Georges Canguilhem: Philosopher of Error"(「조르주 캉길렘: 오류의 철학자」), *Ideology and Consciousness*(『이데올로기와 인식』), no°. 7 pp. 52~59.

3) *DE II*, n° 192, " Entretien avec Michel Foucault", p. 145.

4) "지식인의 기능은 부르주아지의 지배하에 있는 부르주아 언어를 비판하는 것이다." 『목소리의 결』(Roland Barthes, *La Grain de la voix*, Paris: Editions du Seuil, 1981), p. 187. 정확히 무

에크리튀르를 둘러싼 논쟁은 그러므로 모더니즘의 정치 문화와 관련된 논쟁이었다. 즉 숭고한 웃음이나 위반행위에서 우리와 언어 사이의 '탈중심화된' 관계를 찬미하는 그러한 비기술관료적이고 안티휴머니즘적인 문화에 대한 비전, 우리 시대의 단절, 문턱, 경계로서 스스로를 제시하는 전위문화(이 용어는 1920년대에 생겼다), 그리고 비대중적이거나 엘리트주의적이지만 그럼에도 불구하고 좌파와 연루된 문화 등과 관련된 논쟁이다.

그러면 에크리튀르와 관련된 이론화를 통해 정치중심적 문화의 특권 유지를 위해 투쟁했던 인물은 누구일까? 말할 것도 없이 롤랑 바르트와 신비평nouvelle critique에 속하는 모든 사람들이다. 1966년에 출판된 『에크리』*Écrit*의 저자 라캉은 그 핵심 인물 가운데 하나로, 정신분석학을 모더니즘 문화의 위대한 이론으로 탈바꿈시킨 이가 바로 이 사람이었다. 철학의 측면에서는 1967년에 출판된 『그라마톨로지에 대하여』*De la grammatologie*와 『글쓰기와 차이』*l'Écriture et la différence*의 저자인 데리다가 있다. 그는 철학의 전통 전반에, 하이데거의 장대한 '존재의 문제' 대신, 에크리튀르의 문제를 접목시키려 시도했다. 이에 더해 레리스Leiris, 블랑쇼, 바타유가 있으며 또 베케트와 몇몇 누보로망 작가들도 있었다. 그리고 물론, 더 이상 간행되지 않는 잡지 『텔켈』*Tel Quel*이 있었다. 줄리아 크리스테바의 『시적 언어의 혁명』*Révolution du langage poétique*은 분명 언젠가 이 운동의 뛰어난 요약으로 여겨질 것이

엇이 부르주아의 언어를 구성하는가에 관한 이후의 망설임에 대해서는 베르나르 앙리 레비(Bernard Henri Lévy)와 롤랑 바르트(Roland Barthes)와의 인터뷰, 같은 책 p. 251 이하를 참조하라.

다.『시적 언어의 혁명』이라는 제목은 이 운동의 정신, 즉 에크리튀르로부터 출현한 혁명을 탁월하게 잘 포착하고 있다.

그러나 1960년대를 통해 이 에크리튀르의 문제에 골몰했던 저술가-지식인은 다름아닌 미셸 푸코 자신이었다. 1977년 인터뷰에서 푸코는 자신의 초기 작업은 리센코Lysenko 사건 등과 같은 '과학 정책'이나, 공산당의 인신론적 관점 등에 의해 동기유발되었다고 말한다. 그렇지만 1969년의『지식의 고고학』*L'archéologie du savoir*과 콜레주드프랑스 교수 취임 이전에 쓴 다수의 저작을 한번 훑어보기만 해도(그 시기는 그의 최고 다산의 시기였다), 푸코만큼 에크리튀르의 문제를 철저하게 추적한 사람도 없다는 걸 알 수 있다. '우리' 사유, '우리' 문화에 대한 언급이 도처에서 발견되는데, 그것이 의미하고 있는 것은 우리 파리지엥들이나 유럽인 또는 서구 지식인들이라기보다는 오히려 우리 모더니스트들이나 우리 형식주의자들이며, 또 모더니즘의 에크리튀르가 우리 시대에 개척한 여러 문화적 (그러므로 정치적) 가능성에 의해 결속된 우리인 것이다.『말과 사물』*Les mots et Les choses*에서 전형적인 예를 하나 든다면 "우리의 사유에 대한 모든 호기심 전체는 이제 언어란 무엇이며, 언어를 실질적으로 온전히 나타나게 하려면 어떻게 언어의 윤곽을 그려야 하는가라는 문제 속에 자리한다".[5] 요컨대 1960년대에 푸코는 모더니즘의 에크리튀르 내에서 포스트계몽주의 문화의 출현을 보았던 것이다. 그는 그 문화의 원천인 동시에 그 문화가 예견한, 심층적이거나 고고학적인 가능성을 포착하려 했고, 그 문화가 어떻게

---

5)『말과 사물』, 우리말역(이규현 옮김, 민음사, 2012) 421쪽, 원서 p. 317.

현대의 체험을 또렷하게 표현하고 있는지를 밝히고 그 문화의 '숭고한 미소'를 철학에 끌어들였다.

1960년대의 문학 이론은 백조의 노래에 지나지 않았지만, 푸코도 거기에 가담한 일원이었다. 그의 발언은 자서전적이다. 무언의 자아비판인 것이다. '우리' 모더니스트들은 새로운 문화를 창조한 것도 아니고 우리 자신의 일부를 이루었던 낡은 문화의 정치전략을 이해하지도 못했다. 그렇다면 우리 시대의 중심문제는 주석이나 언어, 전위예술 등에 대한 것은 아닐 것이다. 아마도 우리 시대는 기록자료, 비밀주의, 개인성 등을 둘러싼 정치전략의 시대이며 그 전략이 주체성을 우리의 근본 문제로, 요컨대 정치적 지식인으로서의 우리의 현대 문제로 만들었다.

문학이론의 최후를 고하는 백조의 노래에 관한 1977년 푸코의 발언은 자기자신의 역사에서의 균열과 단절을 보여 준다. 그러나 그와 동시에 그의 발언은 보다 일반적인 변화를 시사하고 있다. 거기서 모더니즘 문화는 영향력을 잃어버리고 있다. '정치 참여를 지향하는 지식인'은 자동적으로 좌파이고 그 적은 국가, 기업, 그리고 미국의 외교정책과 문화 등이라는 사고방식도 이제는 더 이상 당연한 것으로 생각되지 않고 있다.

그러므로 푸코의 1960년대 출판물로 거슬러 올라가 그가 모더니즘 문화의 어떤 개념과 절연하는지를 파악해 푸코가 이 '우리'가 어디서부터 잘못됐다고 생각하는지를 확인하는 것은 유익할 것이다.

문학의 문제

자기성찰self-reflexivity 또는 자기참조self-reference라는 것은, 일반적인 저널리즘에서조차도 대개 모더니즘 작품이라는 장르, 또는 규범으로 정착화된 것에서 나타난다. 모더니즘 작품에서 문제가 되는 것은 예술 형식을 구성하는 언어이다. 서술의 구조, 사실주의적이거나 비유적인 환상, 교훈을 주려는 목적 등은 모두 제외되거나 또는 이 문제에 종속되어 버린다. 예술은 예술 자체의 근본적 수단과 소재로 향한다. 즉 예술가의 행위나 몸짓은 그 누구에게로도 향하지 않으며, 그 자체 말고는 그 어떤 보증이나 기능도 갖지 않는다. 이렇듯 어떤 의미에서 모더니즘 작품은 자기탐구적이라고 할 수 있다.

그러나 모더니즘 작품을 이런 식으로 분류하는 것이 왜 중요한지, 이 분류 방법이 한 시대나 문화에, 보다 정확히는 우리 문화의 시대에 유효하다면 어떤 의미에서 그러한지가 문제이다. 요컨대 문제는, 그 작품들이 어떤 의미에서 현대적일까 라는 점에 있다. 어쨌든 이것이 1960년대에 푸코가 던졌던 질문이었다. “오늘날 우리의 과제는 비담론적 언어, 즉 우리의 문화 내부에 대략 두 세기에 걸쳐 끈질기게 존속해 온 이 언어에 관심을 돌리는 데 있다.”[6] 푸코의 대답은 모더니즘에 관한 그의 첫 번째 주요 논지로부터 시작된다. 즉 모더니즘 예술, 그중에서도 특히 문학은 모든 예술의 본질 또는 그 원천과 관련되어 있다는 것이다. “오늘날의 에크리튀르는 자기 자신의 원천으로, 즉 우리

---

6) *DE I*, n° 13, “Préface à la transgression” (「위반 서문」), p. 268.

가 조금만 귀를 기울이면 언어의 깊은 곳에서부터 들려오는 걱정스러운 소리로, 끊임없이 접근해 왔다. 우리가 피하고 싶어 하면서도 동시에 고심하고 있는 그 원천으로 말이다."[7] 모더니즘 작품의 자기 성찰은 예술이 자신의 원천으로, 자신의 본질로, 보다 가까이 가는 방법인 것이다. 모더니즘의 에크리튀르는 "문학을 탄생시키는 움직임 속에서 모든 문학의 본질을 다시 파악하고자"[8] 하는 시도다.

신비평의 핵심 전제는, 모더니즘 작품이 예술이나 문학의 본질 및 원천을 실제로 발견한다는 것이다. 이는 모더니즘 작품만이 자기성찰적일 수 있다거나 '메타작품'meta-works이 될 수 있다는 의미가 아니라, 그런 자기성찰성이 예술의 본질임을 폭로하는 것이 모더니즘 작품들의 임무라는 의미이다. 말하자면 모든 예술은 존재론적인데, 세계나 작가에 대해서 존재론적인 것이 아니라 예술 자체, 그 기원, 소재, 전통에 대해 존재론적이다. 모더니즘에서 예술은 실제로 이 '본질'에 접근하려고 한다. 롤랑 바르트가 1959년에 기술한 것처럼, 모더니즘의 에크리튀르는 플로베르로부터 로브그리예A. Robbe-Grillet에 이르기까지 그 다양한 형식을 통해 '나는 누구인가?'라는 오이디푸스의 질문을 끊임없이 던지고 있다. 그것은 "자신을 알게 되면 죽고 말지만 자신을 탐구하고 있는 한은 살아 있는 라신Racine의 여주인공"[9]과 유사하다.

신비평은 일종의 모더니즘 비평이며, 그 속에서 전위적 작품은 모

---

7) *DE I*, n° 14, "Le langage à l'infini"(「끝없는 언어」), p. 283.

8) 『말과 사물』, 우리말역 416쪽, 원서 p. 313.

9) 롤랑 바르트, 「문학과 메타언어」(Littérature et métalangage), 『비평집』(in *Essais Critiques*, Paris: Editions de Seuil), 1964, p. 109.

든 작품의 본질, 즉 전통으로까지 거슬러 올라가게 되는 어떤 본질을 예증한다고 간주되었다. 그래서 작품은 자신의 창조, 재료, 전통 등을 말하는, 따라서 자기를 말하는 것으로 생각되었다. 각각의 모든 작품에는 따라서 어떤 '읽기의 알레고리', 언어와 문학의 특징에 대한 어떤 은밀한 성찰, 그리고 어떤 숨겨진 자기 해석이 존재한다. 이 자기 해석은 그 작품을 문학의 전통이라는 전체 구조에 연결시키고 있으며, 비판이 반드시 찾아내야 하는 것이 이 자기 해석이다. 모든 작품은 언어 및 문학에 관한 것이고 예술은 예술 그 자체에 관한 것이기 때문에, 작품 또는 작품의 '의미'를 어떤 다른 비문학적 메타언어로 바꾸어 말하고자 하는 고된 전통적 실천은 무의미하다. 그리고 실제로 그러한 것은 원칙적으로 불가능해졌다. 따라서 '구비평'은, 작품들과 그 작품의 작가 그리고 그 작품의 의미를 모두 합친 총체로서의 개념, 즉 문학 전통이라는 모더니즘 이전 개념에 사로잡힌 채로 애써 온 것처럼 보인다. 모더니즘 예술과 에크리튀르에서 전통은, 수많은 참조들이 맞물린 무한한 직물, 소재들이 쌓인 거대한 저장고로 나타나며, 모더니즘 예술과 에크리튀르는 그 어떤 것도 표상하거나 표현할 의무 없이 그 저장고로부터 나오게 된다. 이제 비평은 일차적 언어로 쓰인 개개의 작품을 인정하고 해석하는 이차적 언어로 남아 있을 수 없다. 비평도 모더니즘적 전환을 해야 하며, 비평적이지도 않고 문학적이지도 않은 어떤 새로운 양식을, '준-문학적'[10] 양식을 창조해야 한다. 이와 같은 종

10) Rosalind Krauss(로잘린드 크라우스), "Poststructuralism and the 'Paraliterary'"(포스트구조주의와 '준-문학적인 것'), 『옥토버』(*October*)(1980년 여름) 제13호, pp. 36~40 참조.

류의 사유는 당시에 너무나 복잡하게 얽혀 있었기 때문에, 신비평의 배후에 있던 모더니즘적 충동을 상기해 보는 것이 유익하리라 생각한다. 그 충동의 목적은 모더니즘 에크리튀르에 동의하고 승낙하는 것이었다.

1960년대에 푸코는 자기 나름의 신비평을 실천했다. 어느 작품에서나 그는 그 작품이 모습을 드러내는 특정한 예술적 전통에 대한 준거를 발견해 내고 그 작품을 그 전통에서의 자기창조의 예로 제시했다. 『시녀들』*Las Meninas*은 '착시적 공간'이라는 전통 내에서의 회화에 대한 회화이며, 『돈키호테』는 그 이전의 모든 기사이야기를 풍자적으로 바꾸어 말하는 기사이야기다. 『쥐스틴느』*Justine*는 18세기의 도덕적 단편들contes 자체가 역전된 단편이다. 루소의 자기변호를 지적하는 『대화』*Dialogues*조차도 "언어를 불러일으키려고 헛되이 시도하는 언어"로 나타난다.[11]

푸코는 더욱 야심 차게 '문학에 관한 형식적 존재론'[12]을 구축하려 시도한다. 즉 작품들이 작품 자신, 작품의 전통, 작품의 매개를 언급하는 데 사용하는 다양한 형식 또는 모범의 목록을 작성하려 시도하는 것이다. 각각의 형식에는 그에 대응하는 예술작품 검증 방식 및 전파 원칙이 존재한다. 유럽 문학과 회화에서 작품을 선별하여 푸코는, 예술이 수많은 위업을 통해 마침내 '운명적 공간'에, 즉 예술이 자신의 '원천'을 발견하고 자기자신에 몰입하는 그 공간에 도달하는 탐구의

11) *DE I*, no° 7, "Introduction, in Rousseau (J.-J.), Rousseau juge de Jean-Jacques. Dialogues"(「장 자크 루소의 『대화』에 붙이는 서문」), p. 208.
12) *DE I*, no° 14, "Le Langage à l'infini", p. 282.

이야기를 소묘했다.

푸코는 역사를 세 시기로 구분한다. 제일 먼저 서사시의 시대가 있는데, 이 시대는 『말과 사물』에서 기술되고 있는 르네상스 시대의 신비주의처럼, 주로 다음 시대와 이화적異化的 대조를 이루는 역할을 한다. 서사시는 욕망하는 신들을 언급함으로써, 또 그 시가 이야기하는 광경을 주시하는 신들을 언급함으로써, 서사시 자신과 그 서사시의 창조에 대해 언급한다. 예술가는 익명으로 남아 있고, 아직 '예술'이라 불리지 않는 것을 가능케 하는 것은 신성이다. 다음에는 고전주의 시대가 온다. 언어는 '담론'에, 즉 규칙이 지배하는 일련의 기호로 세계를 표상하는 데 종속된다. 따라서 표현의 세련과 수사법 그리고 문체 —언어가 표상하는 바를 비유적 문체로 재생산하는 방법 —의 시대다. 푸코는 『레몽 루셀』*Raymond Roussel*에서 고전주의적 문체 개념은 "사용된 낱말들의 지고한 요청을 받아들여, 같은 사물을 완전히 다른 방법으로 기술한다고 하는, 지시됨과 동시에 은폐된 가능성"이라고 기술하고 있다(이와는 대조적으로 "루셀의 언어는 완전히 문체가 역전되어 있고 동일한 낱말들로 은밀하게 두 개의 사물들을 말하려고 애쓴다").[13] 고전주의 시대에는 작품의 '진정성'에서 저자가 핵심에 놓이게 되고, 글을 쓰는 사람들은 '저자'가 되어야 하는 의무를 지게 된다. 요컨대 천재가 창조하고 다른 사람들은 모방해야 하는 문체, 목소리, 또는 독자적 레퍼토리를 발견해야 했던 것이다. 고전주의 시대는 '고전', 즉 천재가 만들어 내고 감식안이 재발견하는 유기적 형식 또는 '내적 합목적성'을 구현

---

13) 『레몽 루셀』(*Raymond Roussel*), p. 25.

하는 작품의 시대다. 취미와 관련해, 또 예술의 상관물로서의 감성과 관련해, 보편성과 객관성이 중시되던 시대, 그러므로 심미적 경험에서 기본적이고 고양된 인간성이 중시된 시대다.

다음에 오는 것이 모더니즘 시대로, 이 시기에 "문학은 일종의 '대항담론'을 구성함으로써만 […] 사립적으로 존재할 수 있었다".[14] "문학은 표상의 질서에 합치된 형식으로서의 모든 '장르' 규정과 절연하고, 자신은 접근하기 어려운 존재라고… 긍정하는 것만을 법칙으로 갖는 어떤 언어의 순수하고 단순한 현현이 된다".[15] (푸코는 이에 필적하는 [회화에서의 변천]을 시사한다. 즉 마네에서부터 세잔 그리고 폴록에 이르는 변천을 통해 회화는 반反-착시적 공간을 형성함으로써 자신의 접근하기 어려운 존재를 긍정한다.)[16]

모더니즘 시대에 예술언어는 이제 더 이상, 어떤 것을 묘사해야 한다거나 표현해야 한다는 의무나 '담론'에 의해 구속되지 않는다. 글을 쓴다는 것은 이제 내적 충동이나 의지를 표현하는 것도 아니고, 자기 시대의 사회상을 재현하는 것도 아니다. 그것은 무한한 도서관에서

---

14) 『말과 사물』, 우리말역 82쪽, 원서 p. 59.
15) 같은 책, 우리말역 416쪽, 원서 p. 313.
16) "플로베르와 도서관의 관계는 마네와 미술관의 관계에 필적한다. 두 사람은, 이전까지의 회화나 텍스트와 맺는—혹은 오히려 회화나 에크리튀르의, 막연하게 열린 채로 남아 있는 양상과 맺는—자의식적 관계에 입각해 작품을 제작했던 것이다. 그들은 아카이브(archive) 내에서 자신들의 예술을 건립한다", 푸코의 「환상의 도서관」("La bibliothèque fantastique", *DE I*, no° 75) p. 895을 참조하라. 앙드레 말로, 『상상의 미술관』(*La Musée imaginaire*)은 1965년에 나왔고, 이것은 분명 말로를 염두에 둔 발언이다. 그 이전에 『사튀르누스』(*Saturne*)에서 말로는, 마네의 모더니티는 마네가 자신의 예술 창조 자체를 회화의 '유일한 목적'으로 했다는 사실에서 드러난다고 시사했지만, 이 주제는 조르주 바타유에 의해 그의 주목할 만한 『마네』(Paris, Skira, 1955)에서 개화된 것이다. 바타유는 물론 위반이라는 개념을 만들어 낸 인물이며, 푸코는 이 개념을 발전시킨다.

어떤 책들을 다른 책들과 연결시키고 낱말들을 다른 낱말들에 연결시키는 행위인 것이다.

> 오늘날 언어의 공간은 '수사학'이 아닌 '도서관'으로, 요컨대 단편적인 언어들의 무한한 늘어섬으로 규정된다. 그것은 '수사학'의 이중 연쇄를, 방치된 언어의 단순하고 연속적이며 단조로운 행렬로 바꾼다. 즉 이제 더 이상 무한에 대한 발화를 통해서는 스스로를 지탱할 수 없는 까닭에 스스로가 무한해지는 것을 운명적으로 받아들인 언어로 바꾼다.[17]

모더니즘은 작품, 비평가, 천재의 시대가 아니라, (과거와 현재를 포함한) 모든 저작의 보편적 분산의 시대이고 아카이브archive[고문서-언표 형성과 변형의 일반적 시스템]의 시대이다. 모더니즘의 거대한 전형이 바로 벽 없는 박물관이며 "[…] 마치 문학 자체의 형식을 말하는 것밖에는 문학 담론의 내용을 가질 수 없다는 듯, 이제는 그저 자기자신으로의 영속적 회귀 쪽으로 휘어질 수밖에 없다."[18]

서사시 시대는 영웅과 그들의 위업을 찬미하고 불멸화하는 시대이며, 여러 민족의 기원 신화의 시대이고, 저자 없는 이야기들이 말해지고 또 말해지는 시대이다. 고전주의 시대는 '취향, 쾌락, 자연스러움, 진실'과 같은 가치들을 만들어 낸 시대다. 고전주의 시대는 미술의 시대요, '아름다운 가상'Schöner Schein의 시대요, 교양 있는 대중과 보편주

---

17) *DE*, n° 14, "Le langage à l'infini", pp. 288~289.
18) 『말과 사물』, 우리말역 416쪽, 원서 p. 313.

의적 '감성'의 시대다. 모더니즘 시대가 되면 이러한 고전주의적 가치들은 전복되고, 대신에 "파렴치한 것, 추한 것, 불가능한 것" 등이 거의 종교적이라고 해도 좋을 만큼 연구의 대상이 된다.[19] 문학은 죽음과 불안 그리고 이름 없는 욕망 등을 경험의 한계 및 진실로서 발견한다. 그것은 이제 더 이상 영웅을 찬미하거나 오감을 만족시키는 기술技術이 아니다. 문학은 위반의 기술이다.

예술로부터 모든 초월적이거나 심미적인 목적을 제거하면, 벌거벗은 예술 행위만이 남는다. 예술은 스스로를 들여다보고 정신분석학만이 분석할 수 있는 새로운 광기로 자신을 둘러싼다. 푸코에 따르면 위반이야말로 모더니즘에서의 유일한 윤리이다. 왜냐하면 모더니즘 문화는 그 어떤 도덕률도 감수할 수 없기 때문이다.[20] 모더니즘은 현대 예술의 '대항담론'counter-discourse 속에서 위반하도록 사람들에게 요구하는 그런 문화인 것이다.

모더니즘의 숭고

위반이라는 주제로부터, 모더니즘에 관한 푸코의 두 번째 주요 논지가 도출된다. 예술, 특히 문학의 '원천' 또는 '본질', 즉 모더니즘이 발견하고 탐구하는 원천, 끊임없이 탐구함으로써 발견하는 원천은, 경험의, 적어도 우리 경험의 본질 또는 원천이라는 것이 그것이다. 현대 에크

---

19) 같은 책, 같은 곳.

20) *DE I*, no° 13(「위반 서문」), pp. 265~266, *DE I*, no° 69(「저자란 무엇인가?」), p. 820 및 『말과 사물』, 우리말역 449~450쪽, 원서 pp. 338~339.

리튀르에서 언어의 자기 성찰은 언어에 잠재하는 '광기'의 발견이다. 요컨대 언어를 순화시켜 '담론'에의 종속을 모조리 제거함으로써 에크리튀르는 경험의 '광기에 찬' 원천을 명확화하고, 경험의 한계를 이루는 것을 초월 또는 위반한다. "언어가 그곳으로부터 해방될 수 있는 그 침묵하는 하찮은 무정형의 영역"은 사실 "죽음이 배회하고 사유가 흐려지며 기원의 약속이 무한히 후퇴하는 영역"[21]과 정확하게 동일한 것이다.

두 번째 논지의 한 버전은, 모더니즘 예술이 우리가 일상적으로 사용하는 담론에서 표상할 수 없다고 믿는 어떤 것, 즉 우리 자신의 죽음, 우리의 대상 없는 불안, 우리의 이름 없는 욕망, 우리의 발작적 '에로티즘' 등을 '수행한다'는 것이다. 『말과 사물』에서 푸코는, 우리가 그것을 우리 자신이 표상할 수 있는 것의 한계, 즉 우리의 '유한성', 우리 경험의 한계로 여기기 때문에 그것을 스스로에게, 또는 서로에게 표상할 수 없다고 설명한다. 그 한계들을 초월해야 한다면, 모더니즘 예술이 행하는 위반이 유일한 방법이다. 추상예술은 우리가 서로에게 다른 방법으로 표현하거나 말할 수 있는 감정들을 추상적인 방법으로 표현하는 것이 아니라, 우리 담론의 한계들 자체를 '명확히 표현하기' 위한 한 방법이다. "표상 불가능한 것을 표상하는 것"은 추상예술 또는 모더니즘 예술의 숭고의 정식이 된다.[22]

---

21) 『말과 사물』, 우리말역 521쪽, 원서 pp. 394~395.

22) 장프랑수아 리오타르(Jean-François Lyotard), 「현전불가능한 것을 현전시키기-숭고」(Presenting the Unpresentable: The Sublime), 『아트폼』(*Artform*)(1982년 4월) 제20권, 제8호, pp. 64~69 참조. 리오타르는 아름다움과 숭고를 구별하는 사유를 칸트로부터 끌어냈지

모더니즘의 숭고라는 이 주제는 모더니즘 예술의 형식적 성질 또는 형식주의적 성질을, 모더니즘이 경멸하고 또 관대하게 하대하는 위대한 인물들과 연결시킨다. 그 인물들은 대중문화를 소비하는 프티부르주아들이고, '쓸데없는 수다'에 열중하는 가짜 인간das Man(세인)이며, 우리의 진부하고 저속한 금욕주의적 현대 문화의 '최후의 인간'이고, 생애 내내 자신의 도착, 불안, 분노, 죽음 등을 부정하려 하지만 끝내 부정하지 못하는 '신경증 환자'다. 마르크스와 하이데거, 니체, 그리고 프로이트는 그러므로 현대적 경험에 관한 이러한 개념에 있어 영웅적 사상가들이며, 그들 가운데 어느 거장을 선호하느냐에 따라서 경험의 표상 불가능한 원천, 즉 비담론적 원천을, 반부르주아적, 포스트데카르트적, 디오니소스적, 전前오이디푸스적이라고 부르게 된다. 요컨대 가식적이고 프티부르주아적인 신경증 환자의 세계는 그 환자가 부정해야 하는 근본적 '무'에 의존한다는 디오니소스적 지혜를, 모더니즘의 숭고는 명확히 표현한다. 요컨대 그 숭고는 그의 세계를 낯설게 만들고 그것의 가치들을 역전시키며, 새로운 시대를 암시한다. 이 숭고한 초월성과 관련해서 예술가들은 영웅이다. 그들은 우리 세계의 배후에 가로놓인 '심연'과 그 세계 속에서 우리가 경험하는 것의 한계를

만, 그 구별에는 실러, 셸링, 헤겔을 거쳐, 숭고는 자기자신을 응시하는 '의지'라고 생각한 쇼펜하우어에 이르는 복잡한 역사가 존재한다. 니체도 바로 이러한 형태 속에서 그것을 변용하여 아폴론적인 것과 디오니소스적인 것을 구별하게 된다. 리오타르 사유의 보다 직접적인 배경이 니체의 이러한 구별방식이다. 그 기원을 롱기누스에게로까지 거슬러 올라가 찾게 되면 숭고는, 기운이 빠져 '심미화된' (근대) 문화 속의 서사시적 고결함을 지시하게 되는 듯하며, 부알로(Boileau)가 고대인들을 좋아하는 것도 확실히 이런 이유 때문이었다. 따라서 그것은 바타유의 지고성이라는 주제, 즉 모더니즘의 숭고는 영웅의 숭고가 아니라 예술가의 숭고라는 주제와 연관되어 있다.

명확히 표현한다. 예술가는 '다른 언어로 동일한 것을 이야기하는' 명쾌한 문체를 더 이상 탐구하지 않는다. 예술가는 사물들을 지시하는 데 사용되는 언어의 '원천' 자체를, 예술가가 아닌 사람은 광기라는 대가를 치르고서만 알 수 있는 숙명적 섬뜩함Unheimlichkeit의 원천을, 영웅적으로 탐구한다. 모더니즘의 숭고는 현대적 광기의 승화다. 그것은 모더니즘의 숭고가 억압된 내용을 사회적으로 용인될 수 있는 형태로 표현하려 하기 때문이 아니라, 우리의 욕망들과 관련하여 문명화될 수 없고 명확히 표현될 수 없는 것이 무엇인지를, 요컨대 우리의 특수한 종류의 광기의 원천을 명확히 표현하기 때문이다.

'표상'Vorstellung과 주체성subjectum[23]의 시대인 포스트데카르트주의 시대 전반에 대해 비판한 하이데거는 분명 철학계에서 영향력 있는 중심인물이다. 1930년대, 특히 횔덜린의 시를 독서함으로써 우리는 근본 경험Grunderfahrung으로서의 불안에 관한 가설로부터, 그 불안을 우리에게 명확히 표현하는 특권적 방법으로서의 예술 또는 문학Dichtung으로 이행해 가는 하이데거의 사유변천과정을 더듬어 볼 수 있다. 그의 사유변천과정 속에서 우리는 현대 주체의 뿌리 뽑힌 상태에 대한 반발, 테크놀로지의 '본질'에 대한, 대중문화에 대한, 궁극적으로는 미국의 '거인증'에 대한 반발을 발견하게 된다. 우리는 또한 새로운 변화에 관한, 새롭기도 하고 더 문학적dichterisch이기도 한 사유방식에 관한, 그리고 당연히 새로운 신에 관한 암울한 예언들을 발견하게 된

---

23) *The Question Concerning Technology*(『기술에 대한 물음』)(New York, Harper and Row, 1979)의 "The Age of the World-Picture"(「세계상의 시대」)에서 하이데거가 근대성을 이렇게 특징짓는다.

다. 불안은 우리 실존의 심연과도 같은 기원들을 노출시키는데, 결국 그것이 '예술작품의 기원'이기도 하다. 『형이상학이란 무엇인가』*Was ist Metaphysik*, 1929에서 하이데거는 우리가 '존재'와 맺는 섬뜩한 관계가 불안 가운데서 보여진다고 단언한다. 불안은 우리의 '현존재'를 사로잡아 억압한다. 왜냐하면 무엇보다도 불안은, 존재하는-모든-것을 낯설게 만들고, 우리로 하여금 우리 세계의 모든 익숙한 '사물들' 배후에 있는 '무'와 대면하게 한다고 말할 수 있기 때문이다. 따라서 불안은 존재하는-것을 '인간'에게 폭로할 수 있는 조건이며, 현존재Dasein의 현Da을 초월할 수 있는 가능성, 우리의 한계들 혹은 유한성을 초월할 수 있는 가능성이다. 이제 우리는 우리를 침묵하게 하는 이 근본적인 불안을 폭로하고 또 은폐하는 특권적 방법이 바로 예술작품임을 서서히 발견하게 된다.[24)]

1960년대에 광기의 연구를 통해 푸코는 예술과 경험의 관계라는 모더니즘적 개념에 대해, 즉 모더니즘의 숭고에 대해, 역사적 전망을 마련할 수 있었다. 모더니즘의 에크리튀르에서 광기는 정신의학과 의학으로부터 해방되고 "그 의미나 그 언어적 소재 내에서가 아니라 [언어의] 유희 속에서" 광기의 원천으로 되돌려졌으며, "파롤이 파롤 자체의 핵으로부터 벗어나는 그 어렴풋하면서도 핵심적인 해방, 늘 차갑게

---

24) 필립 라쿠라바르트(Philippe Lacoue-Labarthe)는 예술의 섬뜩한(unheimliche) 기원이라는 주제를 하이데거의 나치즘과 관련시킨다. 「정치학에서의 선험적 목적」("Transcendence Ends in Politics"), *Social Research*(1982년 여름) 제49권 제2호, pp. 405~440 및 『인간의 목적 = 종말』(*Les Fins de l'homme*, Paris, Editions Galilée, 1981) 참조.

불이 꺼져 있는 방으로 도망치는 파롤의 하릴없는 도주"[25] 속에서 광기의 원천으로 되돌려진다. 그 결과 시와 광기, 그러므로 예술과 경험의 상호연관이 발견되었는데, 이 둘의 관계는 은밀하고도 내재적이어서, "(시인이) 신들의 찬란한 빛을 쬘 수 있도록 그로 하여금 허망한 실재를 느끼지 못하게 하는" 플라톤류의 도취와는 다르다.[26] 그것은 또한 언어가 중립적인 존재로 환원되고 담론을 매개하는 투명한 수단으로 환원되던 고전주의 시대에, 유사성이라는 미친 진실을 표상하는 우스꽝스러움과도 달랐다.

푸코는 정신의학이 어떻게 이제까지 광기를 질병으로서 제시해올 수 있었는지를 오랫동안 고찰했다. 19세기 이래로 시인이나 작가, 철학자 등이 정신의학의 환자들에 포함된다는 사실에 푸코는 흥미를 갖는다. 횔덜린, 니체, 네르발, 아르토, 파운드를 비롯해서 많은 사람들이 정신과 의사로부터 치료를 받았지만 성공적이지 못했다는 에피소드를 갖고 있다. 현대의 예술가가 미치지 않았을 때에는 자신이 미쳤을지 모른다는 공포에 사로잡힌다. 레몽 루셀은 그의 책, 『나의 몇 권의 책들은 어떻게 쓰여졌는가』*Comment j'ai écrit certains de mes livres*에, 루셀 자신의 질병 사례를 연구한 피에르 자네Pierre Janet의 「불안에서 엑스터시로」De l'angoisse à l'extase를 다시 싣기까지 했다. 푸코는 정신의학이 오해했던 근대 시인들의 광기 속에서 시가 언어 자체와 맺는 새로운 관계를 포착했고, 이러한 관계는 광기가 정신의학화되는 역사 전체

---

25) *DE I*, n° 25, "La folie, l'absence d'œuvre"(「광기, 작품의 부재」), p. 444.
26) *DE I*, n° 8, "Le "non" de père"(「아버지의 '안 돼'」), p. 222.

보다 더 오래 지속되었던 것은 아닐까라고 추측했다.

또 그러한 사태에서 유래하는 광기와 문학 간의 어떤 기이한 친밀함에, 마침내 드러나는 심리학적 근친성과 같은 것을 부여해서는 안 된다. 자기 위에 자기 자신을 겹쳐놓으면서 침묵하는 어떤 언어활동으로서 발견된 광기는 어떤 작품(또는 재능이나 행운에 의해 하나의 작품이 될 수 있는 어떤 것)의 탄생을 표명하지도 않고, 그 탄생에 대해 이야기하지도 않는다. 그것[광기]은 이 작품이 비롯되는 공허한 형태를, 즉 작품이 끊임없이 부재하는 장소를, 작품이 거기에 존재한 적이 전혀 없었기 때문에 결코 사람들에게 보여지지 않는 장소를 지시한다. 그 창백한 영역에서, 이 본질적인 은폐 아래서, 작품과 광기가 더불어 양립할 수 없다는 사실이 나타나게 된다. 그것은 양자 각각의 가능성과 상호 배제의 맹목지점이다.[27]

바로 여기에 프로이트의 중요성이 있다. 그렇지만 그것은 프로이트가 우리의 광기를 표현할 수 있는 치료 수단을 제공했기 때문이 아니라, 오히려 "언어들을 그들의 원천 자체로까지, 요컨대 아무것도 말해지지 않는 자기내포의 어떤 공백의 영역으로까지 거슬러 올라가게 했기"[28] 때문이다.

이렇게 해서 푸코는 프로이트에 접근한다. 보다 정확히 말하면, 라

---

27) *DE I*, n° 25, "La folie, l'absence d'œuvre", p. 447.
28) 같은 책, 같은 곳, p. 446.

캉에 의해 정교화된 또다른 프로이트 이해 쪽으로 끌리게 된다. 요컨대 19세기 생물학의 관점에 입각해서 이해된 정신분석학이 아니라, 19세기 문학의 관점에 입각해서 이해된 정신분석학에 접근하는 것이고, 예술가에 대한 심리학이나 예술가들이 허구적으로 창조해 낸 인물들에 대한 심리학으로 이해된 정신분석학이 아니라, 문학의 '존재'에 관한 이론, 문학과 주체가 맺는 관계에 관한 이론으로 이해된 정신분석학이다. 만약 경험의 근본적 원천과 예술의 근본적 원천을 발견하겠다는 모더니즘 문학의 주장이 진지하게 받아들여져야 한다면, 정신분석학은 라캉과 더불어 '주체'란 무엇이어야 하는지에 대한 이론이 된다. 정신분석학은 모더니즘의 숭고에 관한 이론이 되는 것이다. 유명한 『로마 강연』*Rome Discourses*, 1953에서 라캉은 실제로 정신병을 '담론을 갖지 않는 언어'라고 정의하는데 푸코는 10년 후 모더니즘의 에크리튀르를 정의할 때 라캉의 이 정의를 중심적 용어로 원용한다.

사실 1930년대에 하이데거가 횔덜린의 작품을 읽으며 예술의 본질에 대한 강의를 하고, 또 자네가 자신의 환자인 루셀을 '가련한 광인'이라고 부를 당시, 라캉은 광인이 쓴 것을 언어학의 관점에서 상세히 연구하면 정신의학에 혁명이 일어날 것이라 주장했다.[29] 그의 박사학위논문은 환청들을 받아 적은 한 여성에 관한 연구였는데, 그 결과들은 엘뤼아르P. Eluard에 의해 『본의 아닌 시』*poésie involontaire*라는 제목으로 출판된다. 현실적인 것의 기능에 관한 자네의 이론에 반대해

29) "Écrits 'inspirés' : schizographie", 또한 다음을 참조하라. Jacques Lacan, "La problème du style"(문체의 문제), in *De la psychose paranoïaque dans ses rapports avec la personnalité*, Paris, Edition du Seuil, 1975.

서 라캉은, 자신의 환자의 경우에서처럼 환청을 듣는 것은 청각장애와 는 완전히 별개의 것으로, 실은 주체와 그의 발화가 맺는 관계의 격렬한 변화에 의해 생겨나는데, 정상적인 주체에게서는 우선 그것이 억제되고 있기 때문에 '현실적인 것의 지각'이 가능하게 된다고 주장한다. 1930년대부터의 라캉의 작업에서 우리는 정신분석학이 모더니즘의 시적 경험에 필적하는 실천으로 변모된, 그 변용의 구성요소들을 읽을 수 있게 되었다. 즉 그가 정신병에서 발견한 언어활동의 '자동기술법'으로부터, 무의식은 억압된 내용들의 저장고가 아니라 '언어활동과 동일하게 구조화되어' 있다는 생각이 싹트게 된 것이다. 정신병 속에서 라캉은, 그가 머지않아 '거울단계'를 가정함으로써 분석하게 될, 우리 경험을 구성하는 근본적인 착란을 발견한다. 거기엔 이미 (모더니즘 이전의 시와 유사한) 표현요법이나 정화요법을 대신하여, 환자가 자신의 '구체적 발화' 속에서 재구성하려고 시도해야 하는 어떤 진실을 환자의 '언어활동'으로 하여금 말하도록 해야 한다는 주장이 있다. 또 이 '언어활동'이 문학 또는 수사학의 범주에서, 일종의 신비학적 에크리튀르로 이해되어야 한다는 생각도 포함되어 있다. 그리고 담론으로부터 벗어나 광기의 언어활동으로 향해 가는 운동, 주체의 여성화, 보편적 어머니와의 관계의 재발견 사이에는 놀라운 연관관계가 존재한다. 마지막으로 정상화를 목적으로 하는 기술관료적 심리치료, 미국으로 상징되는 이 심리치료는, 문예학으로서의, 문자la lettre의 이론으로서의 정신분석을 배반하는 원흉이 된다는, 문학적 모더니즘에 특유한 라캉의 고찰방식이 있다.

이 요소들은 모두 1955~1956년에 있었던 정신병에 관한 세미나를 라캉 자신이 정리한 개요 가운데, 슈레버Schreber 의장의 회상록에 대한 해석에서 정리되었다. 거기서 그는 정신이상이 '아버지의 은유가 상실'된 데서 기원한다는 설을 제기했다.[30] 이 슈레버 회상록은 자기성찰적이기 때문에 정신병을 이해하는 데 도움을 준다. 즉 그것은 이런 저작을 쓰는 것이 왜 필요하고 또 어떻게 가능해지는지를 섬망상태에서 말하는 것이며, 그 주제는 '나는 어떻게 이 책을 썼는가', 그러므로 현대의 광기에 대한 회상록이다. 슈레버가 신의 광선(프로이트는 이것을 리비도의 흐름의 알레고리라고 생각했다) 때문이라고 봤던 창조의 힘을 라캉은 말words 또는 언어 표현의 알레고리로 이해했다. 요컨대 그는 이 착란적인 천지창조 이론을 에크리튀르의 이론으로 간주하고, 신비학적 근본언어Grundsprache를 위반적 언어유희로서 분석한다. 그리고 라캉은 프로이트에 반대하여 슈레버의 여성화를 억압된 동성애의 소산으로 여기는 대신 슈레버가 섬망 가운데 언어활동의 원천으로 회귀한 결과로 간주한다.

다음으로 1961년 라플랑슈Laplanche는 라캉의 정신병 이론을 『횔덜린 시집』에 응용하고 1962년에는 푸코가 그 라플랑슈의 저작에 대한 비평을 했다(1965년에는 푸코의 비평을 데리다가 다시 비평한다).[31]

---

30) Jacques Lacan, "On a Question Preliminary to Any Possible Treatment of Psychosis"(정신병의 가능한 모든 치료의 전제에 대한 문제), in *Écrits A selection*, Alain Sheridan, New York: Norton, 1977, p. 199.

31) *DE I*, n° 8, "Le "non" du père", pp. 217~251. 장 라플랑슈(Jean Laplanche), 『횔덜린과 아버지의 문제』(*Hölderlin et la question du père*, Paris P.U.F., 1961), 자크 데리다(Jacque Derrida), 「고뇌하는 파롤」(La parole soufflé), *l'Écriture et la différence*(Paris, Édition du Seuil, 1967).

푸코의 주장에 따르면 횔덜린은 예술과 삶이 맺는 관계에서 생겨난 거대한 문화적 변화를 예증하며 우리가 이를 이해할 수 있는 것은 라플랑슈의 비평 방식 덕분이다.

한편으로 비평은, "슈테판 게오르게Stephan George학파의 연구에 의해 고무된 해석들이 반세기에 걸쳐 야기시킨 중압"으로부터 횔덜린을 해방하면서 "[횔덜린의] 언어활동을 그 원천에서부터 되찾아야 할 필요성", 즉 "시가 자기 고유의 언어활동을 토대로 스스로를 자의식적으로 발견하는, 깊이 파묻힌 곳"에서부터 그것을 되찾아야 할 필요성을 발견한 바 있다. 그 원천을 이해하기 위해서는 삶과 예술이 맺는 관계에 대한 우리의 관점들을 재구성할 필요가 있다. 요컨대 '광기의 침묵하는 형식들'이 '시의 가장 본질적인 측면들'과 어떻게 연관되고 있는지를 설명하기 위해서는 문화의 새로운 배치가 요구된다. '언어활동의 가능성은 어떤 원천으로부터 생기는가'[32]를 고찰해야 하는 것이다.

그 답이 바로 모더니즘 숭고의 비밀인 위반이다. 저자의 영웅성은 서사시의 쇠퇴와 더불어 초래되었으며, "우리 문화에서 심리적 차원은 서사시적 지각을 거부한다".[33] 그렇지만 모더니즘은 이 차원 너머로까지 문학이 발전되도록 밀어붙인다. 모더니즘은 한 작품이 갖는 한계들이 사실상 심리적 경험의 한계들임을 발견하기 때문이다.

광기 속에서 소멸되는 작품, 공허 속에서 자기파멸로 끌려 들어가는 시

32) *DE I*, n° 8, "Le "non" du père", pp. 217~220.
33) 같은 책, 같은 곳, p 223.

의 파롤, 바로 이 소멸, 이 공허가, 작품과 광기 사이에 그 둘이 공유하는 언어활동으로 이루어진 텍스트를 가능하게 만든다. 여기서 그것은 추상적인 모습을 한 어떤 것이 아니라 어떤 역사적 관계이며, 그 안에서 우리 문화가 스스로에게 물음을 던져야 한다."[34]

포스트계몽주의 문화

"우리 문화는 이 '역사적 관계' 속에서 자신을 발견해야 한다"는 것이 명백히 이 시기에 푸코 자신이 해결하려 했던 과제이며, 『말과 사물』은 그러기 위한 그의 가장 집요한 시도, 요컨대 "오늘날의 문학[…]은 우리의 사유와 지식의 구조 전체가 모습을 드러내는 매우 광범위한 지형에 필연성의 뿌리를 내리고 있는 현상"[35]이라는 것을 증명하려는 시도이다. 이 저서는 모더니즘에 관한 푸코의 세 번째 주요 논지를 만들어낸다. 즉 예술이 한계 경험의 숭고한 위반 속에서 자유롭게 자신을 대상으로서 고찰할 수 있는 그런 문화는 그 "근본적인 문제들"이 "언어의 존재라는 문제"와 "긴밀한 관계를 맺는" 문화라는 것이 그의 세 번째 논지이다.[36]

일찍이 문학은 유럽 문화의 중심적 존재가 아니었다. 실제로 푸코가 단언하는 바에 의하면, 16세기 이래 문학은 줄곧 "낯선 것", 부정된 것, "은폐"된 것이었다. 그러나 오늘날 문학은 "갈수록 사유되어야 할

34) 같은 책, 같은 곳, p. 230.
35) 『말과 사물』, 우리말역 521쪽, 원서 p. 394.
36) 같은 책, 우리말역 520쪽, 원서 p. 394.

것"[37]이 된다. 『말과 사물』은 우리 문화에서 문학이 점유하는 중심적 지위를 설명하는 '언어의 회귀'에 관한 이야기다. 우리 시대는 언어가 모든 사유의 토대에 있다고 여겨지는 시대이며, 또한 그것이 모더니즘의 에크리튀르를 '필연적으로 동반'한다. 이 에크리튀르는

> [우리의 문화에서 이러한 언어의 귀환은…] 말해야 할 것으로부터 마침내 해방되어 이제부터는 오직 자신이 벌거벗은 언어라는 사실에 관해서만 말할 뿐인 문학의 자기 도취도 나타내지 않는다. 사실상 언어의 귀환은 19세기 초에 서양 문화가 스스로 설정한 필연성에 따른 엄밀한 전개이다.[38]

이 논지에 또 하나의 논지가 포함되어 있다. 언어에만 관심을 기울이는 우리 시대는 포스트계몽주의의 문학 중심 문화를 발생시켰다는 것이다. 칸트에 따르면 '계몽'은 대개, 학문은 보편적이고 자율적이라 간주되고 예술은 객관적인 취미판단의 문제라 여겨지며, 그리고 도덕은 자율적인 개인에 의한 보편적 법의 자기법제화에 의존한다고 상정되는 그런 시대를 지시한다. 이 세 영역[학문, 예술, 도덕]은 모두 인간의 본성에 기초한다. 그와는 대조적으로 『말과 사물』에서 푸코는 모더니즘 문화의 그림을 그리고 있는데, 거기에는 그 어떤 '인간 본성'도 존

---

37) 같은 책, 우리말역 82쪽, 원서 p. 59.
38) 같은 책, 우리말역 522쪽, 원서 p. 395. 이는 분명 자기도취[나르시시즘]에 대한 소극적 또는 경멸적 견해다. 안 보이만(Anne Boyman)은 예술에서의 자기도취와 모더니즘 특유의 경험이 상당히 심오하게 연결되어 있다는 주장을 전개한다.

재하지 않으며 거기서는 학문도 이제 더 이상 자율적이거나 보편적이 지 않게 된다. 거기서는 그 어떤 도덕률도 전혀 가능하지 않고, 경험의 '한계들'을 명확히 표현하는 것이 전위적 에크리튀르와 전위 예술의 임무가 된다. 학문이나 예술, 도덕의 문제는 모두 언어의 문제로 환원되고, 언어는 그 자체 외에 그 어떤 보증도 기초도 갖지 않는다. 사유는 '우리 삶의 형태들'을 구성하는 전술적 언어 게임을 발견함으로써, 또 우리 사회의 숨겨진 이데올로기를, 혹은 경험의 무의식적 구조를 탈신비화시킴으로써 언제나 우리를 변화시키려고 시도하고 있다. 사유는 '사유되지 않은 것을 사유하려'[39] 노력한다. 언어는 우리 존재의 한계들이 된다. 이러한 한계들은 오직 위반적 에크리튀르 내에서만 초극된다. 작가는 우리 시대의 영웅이다. 이것이 내가 '포스트계몽주의의 문학 중심 문화'라 부르는 바의 그림이다.

『말과 사물』의 구조 자체에 내장되어 있는 이 그림은, 거기서 언급되는 이야기의 플롯을 결정한다. 흔히 있는 일이지만, '우리'[40]라고 지시되는 인물은 해석의 원을 그린다. 이 책은 '우리' 모더니스트의 관점에 입각해 쓰여져 있는 동시에, 어떻게 그런 관점이 '필연적으로' 나타나게 됐는지에 대해서도 말하고 있다. 따라서 "우리 문화의 근본적 문제들과 긴밀한 관계를 맺는 언어의 존재라는 문제"[41]뿐만 아니라, 우리가 지나간 각각의 시대들에서 심층적, 근본적 또는 '고고학적'이라고 간주하는 것이 그 시대의 언어 개념에서 발견된다. 이 책의 서문에

39) 같은 책, 우리말역 442~450쪽(9장 5절), 원서 pp. 333~339.
40) 헤겔의 『정신현상학』에서 'für uns'가 갖는 역할과 비교해 보라.
41) 『말과 사물』, 우리말역 520쪽, 원서 p. 394.

서 푸코는 "우리가 여전히 머물러 있는 모더니티의 문턱"[42] 끄트머리에 자신이 서 있다고 주장한다. 그 문턱을 넘어서면 보르헤스 같은 웃음을 터뜨리며 전시대를 돌아볼 수 있고 또 그 시대 속에서 자라난 '여러 인본주의'들을 돌아볼 수 있으리라는 것이다. 이러한 포스트계몽주의의 관점에서, 과거 몇몇 시대들의 '심층적' 배열들을 재검토하기 위해 각 장 마지막에 등장하는 '우리'는, 어떤 경우에도 우리 자신의 시대의 에크리튀르를 가리킨다. 그러므로 언어가 어떻게 우리 시대의 근본적 문제로 회귀했는지를 이야기하는 자들이 바로 우리들 문학적 모더니스트들이며 자신의 역사를 스스로 말함으로써 '자기 자신을 발견하려는' 것이 우리의 문학 중심 문화이다.

이 이야기의 플롯은, 푸코가 세르반테스와 사드와 같은 일군의 중심 인물들을 통해 세 시대(서사시의 시대, 고전주의 시대, 근대)로 구분한 문학의 역사를, 학문과 관련된 대단히 독창적인 역사(프랑스혁명에서 나폴레옹에 이르는 시기 동안, 생명과 노동 그리고 언어에 관한 연구에서 동시적으로 발생한 갑작스러운 변화의 역사)와 겹쳐 놓는다는 사실 때문에 복잡해진다. 이 이중의 플롯은 문학과 지식 사이에 존재하는 일련의 흥미진진한 관계들을 암시한다.

후에 푸코가 설명하는 바에 따르면, 한 시대의 '에피스테메' épistémè라는 말로 그가 의미하려 했던 바는 어떤 세계관이나 이데올로기가 아니라 가능한 담론의 어떤 체계였다. 그 담론의 체계는 일군의 지식을 만들어 내는 기반이 되고, 또 어떤 언표들의 집단이 참이나

42) 같은 책, 우리말역 21쪽, 원서 p. 15.

거짓일 수 있는지를 결정한다.[43] 그러나 그는 이 정의에 회화나 문학을 포함시키려 하지는 않은 것 같다. 왜냐하면 회화나 문학은 사실 이 같은 지식들savoirs의 일부가 아니기 때문이다. 특히 모더니즘의 에크리튀르는 오히려, 조르주 바타유의 언어를 빌려 말하자면, 비지식non-savoir으로 여겨진다. "오늘날 문학[…]은 우리의 사유와 지식의 구조 전체가 모습을 드러내는 매우 광범위한 지형에 필연성의 뿌리를 내리고 있는 현상"이라 말한 바 있는 푸코의 주장들이 의미하는 바는 명백하다. 문학은 이러한 지형 내부에서 발생한다기보다는 그 지형의 한계들을 명확히 표현하며, 따라서 이런 의미에서는 하나의 총체로서 그 지형과 관련된다는 것이다. 이것은 사실 푸코의 두 역사, 요컨대 지식의 역사와 문학 및 회화의 역사를 잇는 일반적인 연결고리처럼 보인다. 미술은 메타에피스테메적이며, 가능한 지식을 만들어 내는 심층적인 배치의 우화들이다. 그래서 꽤나 기이하게도 『시녀들』은 17세기 부富에 대한 논의의 기초가 되는 어떤 질서를 묘사하고 있고, 사드 후작은 포르루아얄Port-Royal과 문법가들의 한계를 탐구하며, 레몽 루셀은 '인간에 관한 모든 지식의 가능 조건'[44]을 발견하려 했다는 것이다.

푸코는 학문의 진보라는 전통적(계몽주의적) 사고방식을 거부하는 대신 선명한 불연속성 주변에서 지식의 역사를 구축하려 했지만,

---

43) *DE II*, no° 192, "Entretien avec Michel Foucault", pp. 143~144 참조. 여기서 그는 자신이 에피스테메를 "체계성이나 이론형식 또는 패러다임 같은 것과 지나치게" 혼동해 왔다고 말한다. 패러다임과 에피스테메의 대비에 관해서는 이언 해킹(Ian Hacking), 「푸코의 미성숙한 학문」("Michel Foucault's Immature Science"), *Noûs*, vol. 13, 1979, p. 39 이하를 참조하라.

44) 『말과 사물』, 우리말역 510쪽, 원서 p. 386.

그가 수립한 문학사에는 은밀한 목적론이 포함되어 있다. (오늘날과 같은) '파열' 또는 '단절'의 시대들 한복판에서 문학과 회화는 '불연속적' 지형들을 명확히 하거나 기술하고, 현대에 이르러서는 '전위적' 역할을 담당하게 된다. 이 문학 중심적인 이야기는 명백히 '우리의' 관점에 의해 규성된다. 그것이 난지 '영향'의 억사이기만 한 것은 아니다. 사드의 영향과 그 작품들의 독해, 그리고 그 작품들의 '영향사' 등과 관련된 그 어떤 것도, 표상이라는 에피스테메의 한계들에 대한 견해를 사람들에게 마련해 주지는 못한다. 욕망은 이 시대의 지식 특유의 표상 규칙들 내에서 포착될 수 없다는 그의 은밀한 표명 속에서, '대항담론'의 시대가 시작되고 있음을 간파하고 있는 것은 우리뿐이다.

> 사드는 고전주의적 담론 및 사유의 극한에 다다랐다. [⋯] 사드 이후로는 폭력, 삶과 죽음, 욕망, 그리고 성현상이, 표상[의 차원] 아래에 거대한 그림자의 면을 비로소 확장시켰고, 우리는 오늘날 이 그림자의 면을 우리 담론, 우리 자유, 우리 사유 속으로 받아들이기 위해 우리에게 가능한 한 모든 노력을 기울이고 있다.[45]

그러나 여전히 '언어의 회귀' 이야기 배후에는 이런 혁신적인 문학 이야기가 존재한다. '사물의 표징'으로서의 언어가 존재한다고 생각했던 르네상스 신비학으로의 회귀를, 언어에 관한 '우리의' 관심 속

---

45) 같은 책, 우리말역 303쪽, 원서 p. 224. (강조는 인용자.)

에서 파악하는 것이 타당하리라고 여겨지는 것은, 모더니즘 문학과 신비학적 전통(예를 들면 말라르메와 파라켈수스) 간의 유사점 때문이다. 우리의 문학적 담론, 자유, 그리고 사유 등은, 언어의 '회귀'가 르네상스로의 회귀라고 규정한다.

푸코의 지적에 따르면, 19세기 후반에 언어에 관한 논의는 여러 방향으로 "분산"되는데, 이러한 논의의 분산은, 그 이전에 언어와 에피스테메의 측면에서 연결되어 있던 생명과 노동에 관한 논의에서 일어나는 것과는 완전히 다르다는 것이다.

> 가령 문헌학자들에게 말은 역사에 의해 형성되고 침전된 수많은 대상과 같은 것이고, 형식화를 열망하는 사람들에게 언어는 그 구체적 내용을 떨쳐 버리고 오직 보편적으로 타당한 담론의 형식만을 허용해야 하는 것이며, 해석하고자 하는 사람들에게 말은 말에 감추어져 있는 다른 의미가 백일하에 드러나고 분명하게 보이도록 분석해야 할 텍스트가 된다. 끝으로 자기 이외의 어떤 것도 가리키지 않는 글쓰기 행위 속에서 언어가 스스로 솟아오르기도 한다.[46)]

해석과 형식화는 두 가지 주요 경향이며, 프로이트와 러셀은 이 두 방향으로 갈라지는 가지의 각 선단에 위치한다. 해석에는 신비평으로의 전환이 포함된다(이 신비평은 "언어가 존재한다는 확인된 사실로부터 언어가 의미하는 것의 발견으로 전개되지 않고, 명백한 담론의 전개에서 언

---

46) 같은 책, 우리말역 418~419쪽, 원서 p. 315.

어의 순수한 존재에 대한 직관적 인식으로 진행"[47]된다). 그러나 '가장 중요한' 최후의 전개에서는 이 '존재' 자체가 문제가 된다. 즉 "문학의 출현, […] 거기에서 언어는 억양도 대화자도 갖지 않고, 자기 외에는 말할 것이 전혀 없으며, 오로지 자기 존재의 광채로 반짝거리기만 할 뿐이다".[48]

에크리튀르는 우리 시대의 '배치arrangement'에서 언어가 취하는 다른 어떤 길보다도 중요하다(사유에서는 『피네간의 경야』*Finnegan's Wake*가 술어계산predicate calculus의 발명보다 중요한 것 같다). 왜냐하면 에크리튀르는 사드에 의해 시작된 '대항담론'을 계속하고 있고, 또 에크리튀르는 우리의 한계체험을 현대의 광기와 공유하기 때문이다. 이 같은 광기와 대항담론을 억압하고 배제하는 것은 고전주의 시대의 특징이었다. 그래서 에크리튀르는 새로운 유형의 사유를 향한 도약Ursprung(근원)[49]을 예고한다.

> 언어의 분산은 사실 담론의 소멸로 지칭할 수 있는 고고학적 사건과 근본적으로 연계되어 있다. 하나의 단일한 공간에서 언어의 광범위한 작용을 재발견하는 것 또한 이전 세기에 구성된 지식의 방식을 종결하는 것이자 전적으로 새로운 형태의 사유를 향해 결정적으로 도약하는 것일지 모른다.[50]

---

47) 같은 책, 우리말역 413쪽, 원서 p. 311.
48) 같은 책, 우리말역 415~416쪽, 원서 pp. 312~313.
49) 다음을 참조하라. 하이데거, 「예술작품의 기원」, 『숲길』, 신상희 옮김, 나남, 2008, 15~128쪽.
50) 『말과 사물』, 우리말역 422쪽, 원서 p. 318.

> 우리가 고전주의와 근대성 사이[…]의 문턱을 결정적으로 넘어선 것은 말이 더 이상 재현[표상]과 교차하지 않고 사물의 인식을 위한 자율적인 격자를 제공하지 않게 되었을 때이다. 19세기 초에 말은 수수께끼 같은 예전의 밀도를 되찾았는데, […][51]

이렇게 해서 우리는 서문에 기술된 '우리의' 가설로, 즉 에크리튀르는 고전주의 시대가 은폐해야만 했던 것이라는 가설로 되돌아간다. '각성disenchantment'과 비슷한 말은 보통, 고전주의 시대의 출현—즉 편견, 마법, 미신과의 결별—을 기술하는 데 사용된다. 그러나 푸코에게 각성이란, 모더니즘이 재역전시킨 '말과 사물' 간의 관계 변화가 초래한 결과에 불과하다. (광기를 억압하는 데 이바지한) 데카르트보다는 오히려 세르반테스나 스페니시 바로크가, 언어에 대한 태도로부터 (그러므로 문학에 대한 태도로부터) 고전주의 시대의 '근본적 배치'를 창출해 낸다.

따라서 "머릿속에 기성의 개념들밖에 없는 경우라면 17세기에야 비로소 미신적이거나 마술적인 낡은 믿음이 사라졌고 마침내 자연이 과학의 영역에 포함되기에 이르렀다고 말할 수 있다. 그러나 파악하고 복원하려고 시도해야 하는 것은 인식과 인식 대상의 존재 양태를 가능하게 하는 이 근원적인 층위에서 지식 자체를 변질시킨 변화이다."[52] 이 '근원적인 층위'에서는, "언어는 존재물들의 한가운데에서 뒤로 물

51) 같은 책, 우리말역 418쪽, 원서 p. 315.
52) 같은 책, 우리말역 96쪽, 원서 p. 68.

러나 투명성과 중립성의 시대로 접어든다"[53]는 사실이 오히려 중심이 된다. 심층적인 수준에서는, 올바른 방법의 발견도, 새로운 패러다임(즉 '합리주의'나 '기계론')도, 합리적 주체가 발견할 수 있을지 모를 해석-증명interpretation-proof의 규칙들을 만들어 낼 수 없었다. 합리주의나 기계론과 같은 표층 현상이 가능했던 것은 오히려, 유사성 세계의 종말에 대한 바로크의 아이러니에서 상징되듯, 언어가 어떤 투명한 수단으로, 즉 주체가 세계를 표상하는 데 사용하는 관념과 담론을 위한 투명한 수단으로 환원됐기 때문이다. 이 근본 가설이 '소멸'하는 것은 물론 모더니즘, 즉 언어가 회귀하는 시대에서이며, 문학이 주관적 경험의 한계들과 대항담론 그리고 새로운 광기를 획득하는 시대에서이다.

요컨대 오늘날 문학은 '점차 사유되어야만 하는 것'이 되는 반면, 그에 앞선 계몽주의시대의 '근본적 배치' 속에서 우리의 문학이라는 것은 사유될 수 없는, 그러므로 '낯설고', '은폐된' 것 등으로 여겨졌음이 분명하다. 오늘날의 포스트계몽주의 문화에서, 보편적 인간의 근본적 본성에 근거하는 계몽의 자아 개념 전체는, '위반의 에크리튀르'와는 양립 불가능한 심층을 가진 것의 표층에 불과하다. 그러므로 우리에게 "보편적 인간은 [일찍이] 언어의 두 가지 존재 방식 사이에 존재하는 형상이었다. 더 정확히 말해서 언어가 재현[표상]의 내부에 위치하고 [난 후에], 이를테면 [언어가] 재현[표상] 속에서 용해된 후에, [언어가] 파편화를 대가로 치르고서 그 상황으로부터 해방되었을 때 비로

53) 같은 책, 우리말역 98쪽, 원서 p. 70.

소 보편적 인간은 구성되었다".[54] 1960년대 문학이론에 대해 푸코가 맹렬히 비난하려 했던 바로 그 지점이 포스트계몽주의의 문학 중심적 문화에 대한 이 주장에 실려 있으며, 이는 『말과 사물』에서 푸코가 몰두하고 있는 바에서 아주 결정적으로 드러난다. 요컨대 이제 '우리'는 더 이상 이런 문화 속에서가 아니라, 보다 '특수한' 정치투쟁 속에서 우리 자신을 발견해야 하며, 이제는 에크리튀르가 '사태의 핵심'이어서는 안 된다는 것, '사유되어야만 하는' 무엇이어서는 안 된다는 것이다.

그는 자기 연구의 중심 전제를 역전시킨다. 즉 우리 역사에서의 '근본적 배치'들은 언어가 아닌 권력과 관련되어 있다는 것이다. 지식의 문제를 언어의 문제(번역, 용어법, 화용론)로 정식화하는 것은 잘못되었다. 그것은 마치 언어를 연구함으로써 정신의학이나 범죄학 같은 학문 분야에서 지식의 작용을, 특별히 우리 자신에 대한 지식을, 더 잘 해명할 수 있으리라 여기는 것과 같다. 따라서 예술 또는 문학이 메타에피스테메적이라는 관점이나, 계몽이 근본적으로 에크리튀르를 억압하는 언어 이해에 불과했다는 견해에는 거의 근거가 없다. 따라서 계몽의 문제들이 회귀한다. 특수 지식인들과 관련된 새로운 정치학 내에서 도덕이 쟁점으로 떠오른다(핵무기-오펜하이머, '환경[환경문제]', 유전학뿐만 아니라 의학, 정신의학, 범죄학-지식을 정치전략의 수단으로 만드는 것에 대한 도덕적 문제). 언어와 문학을 연구하는 것은 우리의 지식과 관련된 이 근본적인 문제를 이해하는 데 거의 도움이 되지 않는다. 사유의 영역에서조차도 언어는 [사유의] 새로운 형식을 전

54) 같은 책, 우리말역 525쪽, 원서 p. 397.

혀 도입하지 못하고, [이제껏 점유하던] 중심적 위치를 상실한다. 언어는 새 시대를 고하는 새벽닭 울음소리가 아니라 구시대 망상의 종말을 고하는 백조의 노래라는 푸코의 인식은 여기서 생겨난 것이다.

에크리튀르의 '전위파'에 대한 역사적인 이론적 근거의 총체는 오늘날의 사유에서 언어가 차지하는 중심적 위치와 연관된다. 모더니즘의 에크리튀르는 자기 자신 안에서 모든 예술의 원천을 발견한다거나, 이전까지의 모든 작품은 다만 이 모더니즘 에크리튀르와 관련된 우의적 예측에 불과하다거나, 그 에크리튀르는 미친 경험, 숭고한 경험, 말로 표현할 수 없는 경험의 기반을 명확히 표현한다거나, 그 에크리튀르는 완전히 새로운 사유 양식의 전조라거나 하는 등의 이 모든 "에크리튀르에 대한 이론화"는 이제, 특수 지식인들이 접어들곤 하는 잘못된 경로가 된다.

푸코의 자서전

1960년대의 문학이론에 대한 푸코의 비난은 그래서 자서전적이다. 당시 자신도 모더니즘에 사로잡혀 있었던 사태에 대한 거부이고, 심지어 자신이 수용했던 '문학 중심적' 스타일에 대한 거부인 것이다.

『말과 사물』에서는 이러한 태도를 표현하기 위해 형식주의라는 명칭을 사용한다. "'형식주의'라고 부를 수 있는 표지, 우리의 경험을 가리키는 이 일반적인 표지"[55]라고 말이다. 형식주의는 모더니즘 예술의

55) 같은 책, 우리말역 522쪽, 원서 p. 384.

'대항담론'에 의한 '분열' 및 '위반'이 오해되고 과대평가되도록 하는 데 기여했던 여러 가설들을 가리키는 말이다.

하지만 푸코가 형식주의에서 발견한 문제들은 비판 이전의 사실주의나 형상주의로 회귀하자고 요구하지도 않았고 쇄신된 역사주의를 요구하지도 않았다. 우리 예술에는 여러 형식들을 둘러싼 정치전략이, 요컨대 절차, 테크닉, 진실 주장, 저자성의 원칙, 분산[산종]의 형식들을 둘러싼 정치전략이 존재하고 또 지난 100년 동안 존재해 왔다는 것을 여전히 인식할 수 있을 것이다. 그러나 그 정치전략은 모든 예술이나 문학의 '원천' 혹은 '본질'로서의 형식들에 관한 정치전략이 아니며 그랬던 적도 없다. 그것은 순수한 자기반성의 승리로서의 형식들에 관한 정치전략, 모든 '표상'의 형식들에 맞서서 그들의 한계에 관한 디오니소스적 지혜를 획득하기 위한 투쟁으로서의 형식들에 관한 정치전략이 아니며 그랬던 적도 없다. 형식주의의 문제는 그것이 형식에 주목한다는 데 있는 것이 아니라, 형식주의가 형식의 정치전략을 이해하는 방식이 구체적이지 않다는 데 있다. 즉 형식주의에서는 그러한 형식이 나타나는 구체적 투쟁을 밝힐 수가 없다. '특수 지식인'에 대한 푸코의 찬양이, 내가 앞서 그의 초기 저작들에서 끄집어낸 모더니즘에 관한 세 가지 명제의 어떤 역전을 수반하는 것도 바로 그 때문이다.

첫 번째 논지와는 반대로, 자기를 대상화할 수 있는 능력에 예술의 본질이 있다는 것은 그릇된 것이다. 비평의 한 원칙으로서의 자기성찰(모든 예술은 늘 자기 자신, 자기의 언어, 자신의 전통에 관한 것이었다는 견해)은 결국 사람들로 하여금, 오해를 불러일으키는 내재적 전통 개념, 문학에 대한 '문학 중심적' 개념을 갖게 한다. 모더니티에서 자기 성찰은 사람들을, 각 작품이 구체적인 투쟁에 참여하는, 혹은 참여했던 특수한 방식에 관련된 정치전략으로 유도하기보다는, 오히려 문학적인 것의 지고성과 저자의 지고성에 관련된 정치전략으로 인도한다. 이제 푸코는 모더니즘에 관한 자신의 두 번째 논지에 반대하여, '문학적'이거나 '시적'인 광기와 정신의학적인 '질병' 사이의 대립이, 그러므로 프로이트 덕분에 우리가 후자로부터 전자로 옮겨간다는 생각이, 우리 자신을 표상하는 문학적인 방법과 과학적이거나 기술관료적인 방법 간의 그릇된 대비에 기초하고 있다고 주장하는 듯하다. 이제 그의 주된 관심은 문학에서 발견되는 '자기 테크놀로지'인데, 그의 초기 입장에서 보자면 생각하기 힘든 연구 주제이다. 그는 표상의 한계, 또는 경험의 한계를 벗어나는 것이 무엇인지를 규정하려 한 것이 아니라, 모더니즘의 숭고가 갖는 여러 공포스러운 모습, 즉 죽음, 욕망, 불안이 어떻게 언어로 표현되어 왔는지를 명확히 보여 주려고 시도했다. 여기서 문학은 어떠한 특권도 갖지 않으며, 따라서 우리 사회의 '규범화하는' 권력에 대항하는 중요한 원천을 문학 속에서 보려 하는 것은 엉뚱한 일이 될 것이다.

이러한 반론들은 모더니즘에 관한 푸코의 세 번째 논지와 관련된 문제에 포함된다. 즉 모더니티라는 개념 자체의 문제이며, 그 개념을 사용하는 우리의 반론들을 암묵적으로 참조하고 있는 문제이다. 푸코 자신이 『말과 사물』의 한 부분에서 지적하고 있듯이 모던이라는 말은 ['오늘'이나 '지금'처럼] 직증적인deictic 용어이기 때문에, 고전적인 것과 현대적인 것을 대비시키는 대신, '우리의 선사先史와 동시대적인 것'을 대비시켜야 한다. 우리는 푸코의 후기 저작에서 이런 사고방식이 어떻게 정밀화되는지를 살펴볼 수 있다. 모더니티는 우리의 현재 속에서 여전히 작동하고 있는 과거의 것을 지시하게 된다. 『감시와 처벌』*Surveiller et Punir*은 '현대 도덕의 계보'와 '현재의 역사'이고자 한다. 여기서 암시적이고 직증적으로 언급되는 것은 '특수 지식인들'이지, 전위적이거나 선도적인 지식인들이 아니다. 푸코가 '정신병'이나 '범죄자적 인격'과 같은 [추상적] 실체를 지시하기 위해 '현재'를 활용하기 때문인데, 오늘날 우리의 실천들이 전제하고 있는 이러한 실체는 우리가 알아차리지 못하는 방식으로 과거에 뿌리내리고 있는 것이다(이에 대해서는 다음 장에서 살펴볼 것이다). 현재의 역사를 쓴다는 것은 따라서 그러한 대상들의 구성과 그러한 구성의 결과들에 관심을 집중시키는 것이며, 또 그러므로 우리 '모더니티'를 변화를 향해 열어젖히는 것이다. 그 변화가 어떠할지를 미리 결정하려는 시도는 있을 수 없으며, 그 어떤 일반적 변형 도식이나 단일한 대안도 선택해서는 안 된다. 그렇기 때문에 우리는 이제 더 이상 우리 자신의 모더니티에 대한 전위적이거나 선도적인 관계를 주장하지 않으며, 사유와 사회에 관한 완전히 새로운 형식을 선언하겠다고 주장하지도 않는다. 역으로 『말과 사물』에서 푸코가 했던 것처럼, 예술을 한 시대의 알레고리로 간주하는 문제는, 우리의 특수한 문제들에 선행하는 어떤 총체, 더구나 '보편' 지식인으로서의 우리가 그것을 명확화하거나 재현해야 할 특별한 임무를 띠는 그런 어떤 총체로서의 어떤 시대의 현실(혹은 '정신')이 존재[한다는 생각]을 수반한다. 그러한 방식으로 우리는, 예술이 우리 시대의 '한계 지점' 또는 '파열'의 지점에 서 있다고 간주하는 전위적 사고방식에 도달하게 되고, 따라서 우리 상황의 특수한 쟁점들과는 무관하게, 아르토는 정신의학제도에, 말라르메는 저자의 지위를 둘러싼 제도에 종말을 고했는지도 모른다고 생각하기에 이른다.

사실 '저자를 개별화하는 것'은 우리를 개별화하는 다른 여러 절차들을 포함하는 보다 광범위하고 '심층적인' 정치전략에 속한다. 예를 들어 동성애자들을 개별화하는 것도 여기에 해당한다. 마치 문학이 여러 해 동안, 문학은 저자에게 속하며 저자의 의도들을 표현해야만 한다는 관념 없이도 순환하였듯, 따라서 저자여야 할 의무 없이도 문학이 순환하였듯, 동성애적 행위들도 수세기 동안, 그 행위들이 동성애적 인격의 표현이라는 관념 없이도 순환하였고, 그러므로 그런 인격인지 아닌지를 결정할 의무 없이도 동성애적 행위들이 순환하였다. 이 두 '개별화' 절차가 동성애 저자의 '정치적 현실' 속에서 교차된다는 것, 푸코에게 이는 분명 특별한 관심사이다.[56] 저자의 개별성과 동성애자

---

56) 보수적 비평가 존 사이먼(John Simon)은 동성애 작가를 '개별화'하려는 사람들의 좋은 예다. 남성 동성애자는 선천적 질병 때문에 유아기로부터 벗어나지 못한 나르시스트이며, 따라서 타인에 비해 '인간의 잠재력'을 덜 갖고 있다고 논한 후, 사이먼은 심지어 예술작품 감상자들 쪽에도 그런 사람들이 도처에 존재한다고 한탄한다. 「삶과 예술에서의 동성애자들」, *New Leader*, 1974년 10월 28일 자 참조. '공공연한 동성애자'인 미셸 푸코의 『성의 역사』제1권을 논평하면서 사이먼은, 이 책이 본질적으로 '동성애 작가'로서의 푸코의 정체성에서 탄생한 작품이라 논한다. "푸코는 롤랑 바르트와 마찬가지로 고명한 콜레주드프랑스(Collège de France) 교수이고 나는 그의 이전 저작들에 대해 대략적인 지식밖엔 갖고 있지 않다. 그러나 언어, 광기, 병원, 감옥에 관한 그의 여러 저작에 대해 내가 알고 있는 바에 기대어 판단하자면 […] 이 사회학자이자 철학자이며 또 언어학자인 그는 […] 역설(paradox)의 거장이다". 사이먼의 논의에 따르면, 역설은 오스카 와일드(Oscar Wilde)나 장 주네(Jean Genet)의 영역이기도 하며, 그들의 작품들은 '범죄적-남색적 프로파간다'를 구성한다. "Paradox Lost", *New Leader*, 1978년 12월 4일 자. 푸코의 주장에 따르면, 우리의 예술에 동성애적 정체성이라는 것이 존재하긴 하지만, 그것은 고유한 성적 본성의 결과가 아니라 어떤 정치전략—사이먼이 발언한 그런 것이 아무리 근거 없고 어리석더라도, 그것이 필연적으로 기여하고 있는 정치전략—의 결과인 것이다. 이 문제에 대한 푸코의 생각을 설명하는 것으로는 「성의 선택, 성행위-미셸 푸코와의 인터뷰」, *Salmagundi*, 1982년 가을-1983년 겨울호, 제58-59

의 개별성이 오늘날 어떻게 특수하게 구성되고 또 그 둘이 특수하게 결합되고 있는지에 대한 검토, 우리 문학과 예술의 주제에 관한 논의뿐만 아니라 그것들의 형식에 관한 논의를 당연히 수반하게 될 이러한 검토는, 우리의 모더니티가 갖는 '특수한' 문제들에 푸코가 어떻게 접근하는지를 예증한다. 이러한 검토를 행할 때의 요점은 자기 자신을, 혹은 검토의 대상이 되는 문학을, 우리의 사회문화 전반과 관련하여 전위적인 입장에 위치시켜 보는 것이 아니라, 우리를 규정하는 특수한 방식과 관련해 우리의 자유를 증대시키는 것이리라. 모더니즘에 관한 이 세 번째 논지는, '근본적인 언어들'이야말로 현대 예술의 문제라는 형식주의의 가설을 만들어 내는 데 그치는 것이 아니라, 현대 문화에서 우리가 차지하는 위치에 관한 특수하지 않은 '문학 중심적' 개념에 기초하고 있다.

모더니티에서 문학, 예술에 관한 특수한 분석을 제시하고자 하는 푸코 자신의 시도는 실제로 이 개별성 및 주체성의 문제 한가운데에 자리잡고 있다. 즉 푸코의 시도는 우리가 우리 자신의 정체성을 확립하고 또 서로의 정체성을 확립하는 데 사용하는 여러 용어와 범주들을 둘러싼 정치전략 한복판에 자리잡고 있으며 또 우리가 어떻게 '둘 모두의 의미에서 sujet로[즉 주체인 동시에 신민으로] 구성' 되어 왔는지에 대한 역사의 중심에 놓여 있다. 프랑스의 새로운 역사 기술에 심취한 푸코는 문학이나 예술을, 위대한 작품들의 전통으로 다루거나 상호텍

호, pp. 10~24를 참조하라. (*DE II*, n° 317, "Sexual Choice, Sexual Act"("Choix sexuel, acte sexuel"), pp. 1139~1154.)

스트성의 무한한 직물 속에서 서로를 참조하는 일군의 텍스트들로 다루는 것이 아니라, 우리의 근대 생활에서 개별성의 중심 범주들을 구축하는 데 활용되는 기록문서들로 다룬다. 그가 형식주의 이전 비평가의 모습으로, 요컨대 자신의 세계에 대해 논평하는 비평가의 모습으로 되돌아가는 것은 아니다. 작품들이 어떻게 한 시대의 사회들을 재현하거나 반영하는지, 혹은 어떻게 한 시대의 근본 모순들을 해명하는지 묻는 것도 아니다. 그는 오히려 정치적 현실을 구성하는 다른 종류의 기록문서들의 배치 속에서 예술이, 어떻게 그 주제 면에서뿐만 아니라 형식 면에서, 중요한 자리를 차지하게 되었는지를 묻는다. 더 정확히 말해 푸코는 우리 자신의 주관적 정체성들이야말로 우리 문학과 예술에서의 핵심 문제라고 간주해 온—이는 '주체는 언어활동 내에서 구성된다'는 낡은 논지에 의해 시사됨과 동시에 모호해진다—정치전략들과 기록문서들을 구체적으로 명시하고자 했다.

보기에 따라서는 "우리 문화의 심리학적 차원은 서사시적 지각의 부정이다"라는 1960년대 푸코의 주제를 정치적 관점에서 복잡하게 다시 정밀화한 것이 그의 더 최근 작업이라고 할 수도 있을 것이다. 우리의 예술이나 문학의 심리학적 차원에는, 단순히 저자성과 관련된 제도라든지, 자신의 가장 내밀한 비밀을 탐색하고 드러내야 한다는 저자들의 의무만이 포함되는 것은 아니다. 일상의 사소한 추악함에 대한 몰두, 가족 관계와 그 동요의 중시, 우리 안에 도사리고 있을 수도 있는 범죄나 일탈에 대한 강박, 그리고 인간의 마음에 대한 은유로서의, 자기인식의 불완전함에 대한 은유로서의 비밀과 관련된 모든 문제 또한 우리의 예술이나 문학의 심리학적 차원에 포함된다. 푸코의 핵심 질문은 어떻게[해서 이렇게 되었는가]이다. '심리학적 차원'은 어떻게 담론으로 들어오게 되었으며, 진실을 발견하기 위해 내면을 향해야 하는 의무는 어떻게 생겨나게 되었을까? 푸코의 주인공은 이제 사드가 아니라 디드로다. 특히 디드로의 『입 싼 보석들』*Les Bijoux indiscrets*, 즉 계몽주의 시대의 한복판에 나타난 이 관능적인 익살극에서 학회에 모인 남자들은, 여자들의 '성기'가 말하는 힘을 가진 것에 대해 설명한다. 그것이 (프랑스 국왕을 상징하는) 술탄 황제의 마법 반지 덕분인 줄도 모르고 말이다.[57)]

『감시와 처벌』은 근대의 심리학화된 개별화를 '규율'의 측면에서 탐구한다. 여러 다양한 규율들이 인구를 개별화하고 분류한다(개별적인 예측이나 개입을 가능하게 하기 위해, 인구를 구성하는 각각의 모든 구성원들에게 개별적으로 주의가 기울여진다). "권력을 행사하는 사람들의 광채에 의해 모습을 드러내는 권력 대신에 권력이 적용되는 대상을 교묘한 방식으로 대상화하는 그러한 권력이 들어선 것이다. 주권의 호사스러운 표상들을 과시하기보다 오히려 권력이 적용되는 대상에 대

57) [옮긴이] 디드로, 『입 싼 보석들』, 정상현 옮김, 고려대학교출판부, 2007, 제9장과 제10장(47~54쪽). 훌륭한 군주로 묘사되는 술탄 황제 망고굴은 무료함 때문에 사교계의 흥미진진한 연애담을 듣고 싶어 한다. 늙고 우울증에 걸린 정령 퀴퀴파에게 이런 사정을 털어놓자 퀴퀴파는 그에게 보석이 박힌 은반지를 건네주는데, 이 반지의 보석 부분을 여자 쪽으로 향하게 되면 그 여자의 성기가 인간의 언어로 자신이 겪은 연애 이야기를 비롯한 자신의 성적 진실들을 모두 털어놓게 되고, 듣고 싶지 않은 이야기가 나오려 하면 보석 부분을 안쪽으로 돌려 말을 멈추도록 할 수 있는데, 반지의 비밀을 아는 것은 퀴퀴파와 망고굴, 그리고 망고굴의 연인 미르조자뿐이다. 여자들의 성기가 말을 하기 시작한 현상에 호기심을 느끼고 이를 설명하기 위해 학회에 모인 남자들은 반지의 비밀을 모른 채 각자 나름의 학설들을 개진하고 나선다.

한 지식을 만들어 놓는다."[58] 이렇게 규율은 근대의 정치전략에 [새로운 권력을] 끌어들인다. 예를 들어 서사시 문학으로부터의 이행도 이러한 '권력 양태' 변화의 일부이다. 유명 인물이나 사건을 기념하는 의례나 주권의 찬미 등 다양한 절차는 사례 연구, 서류자료, 표준화된 시험과 같은 여러 기록문서로 대체된다.[59] 영웅들을 신성화하는 대신 일상적인 행동의 내적 원인이나, 그 일상적 행동이 규범으로부터 일탈하는 것에 초점이 맞춰지게 된다. 그래서

> 중세 초엽부터 오늘날에 이르기까지 '모험'이 다분히 개인에 관한 이야기라고 한다면, 서사시적인 것으로부터 소설적인 것으로, 혁혁한 공적으로부터 비밀스러운 특이성의 세계로, 장기간의 유배로부터 어린 시

---

58) 『감시와 처벌』, 우리말역(오생근 옮김, 나남, 2007) 338쪽, 원서(Surveiller et Punir, Paris, Gallimard, 1975) p. 222.

59) 푸코와 아날학파 역사가들과의 차이는, 예를 들면 인구통계의 추세나 가격주기를 추론하기 위해 기록자료를 이용하는 것이 아니라, 기록자료 자체가 하나의 정치적 현실을 구성하는 방법들, 이 경우에는 개별화의 권력을 구성하는 방법들을 추론하기 위해 푸코가 기록자료를 활용한다는 점에 있다. 프랑수아 퓌레(François Furet)는 역사에서의 양적 방법론에 관한 고전적 입장에 입각한 옹호론(「양적 역사」, *Annales* 1971년 제26권 제1호)에서 기록자료 내에 이런 정치활동이 존재한다고 제언한다. 따라서 예를 들어 "앙리 2세와 루이 13세 치하에서 농민반란의 발생 수의 차이는 다른 무엇보다도 더, 군주제 문명의 진보를 여실히 반영하는 것"이 된다. 만약 푸코가 프랑스의 한 반란을 둘러싼 행정적 원인을 탐구한다면, 그것은 반란 자체를 재구성할 목적으로 하는 것이 아니라, 반란에 대처하는 행정활동, 따라서 "군주제 문명의 진보"를 분석하려는 목적일 것이다. 푸코와 아날학파 역사가들과의 차이에 대해서는 미셸 페로(Michelle Perrot) 편, 『불가능한 감옥』(*L'Impossible Prison, Paris, Editions du Seuil*, 1980) 및 본서의 다음 장을 참조하라. [L'Impossible Prison에는 푸코의 글 세 개가 실려 있으며, *DE II*, n° 277, 278, 279에 각각 "La poussière et le nuage"(먼지와 구름), "Table ronde du 20 mai 1978"([다양한 역사학자들과의] 1978년 5월 20일 원탁회의), "Postface"(후기)라는 제목으로 재수록되었다. 이 중 두 번째 것은 『푸코 효과』(콜린 고든 · 그래엄 버첼 · 피터 밀러 엮음, 심성보 · 유진 · 이규원 · 이승철 · 전의령 · 최영찬 옮김, 난장, 2014)에 '방법에 관한 질문들'(113~132쪽)이라는 제목으로 번역 수록되어 있다.]

절의 내면의 탐구로, 마상 창시합으로부터 환상의 세계로 전환된 현상 역시 규율 사회의 형성과 관련되어 있다. 우리 어린 시절의 모험을 이야기해 주는 것은 꼬마 한스의 불행이지, 더 이상 '왕자 앙리 전하'가 아니다. 오늘날의 『장미 이야기』는 매리 반즈에 의해 씌어지고, 또한 란슬롯 대신 재판소 소장 슈레버가 말하는 편집증이 등장하게 된 것이다.[60)]

『성의 역사』 제1권은 위대한 사람들의 모범적 행위나 그들이 만든 법률에 초점을 맞춘 기록문서가 어떻게 해서 평범한 개인의 내면적이거나 비밀스러운 욕망에 초점을 맞춘 기록문서로 대체되는지에 대한 분석을 확대한다. 푸코가 추측하기에 고백이 그 핵심에 있다. "심문, 상담, 자전적 이야기, 편지와 마찬가지로 다양해졌으며, 기록되고 옮겨 적히며 자료로 수집될 뿐만 아니라 발간되고 논평의 대상이 된다."[61)] 그것들을 통해 우리는 서사시 문학으로부터 현대문학으로 이행할 수 있다.

용맹함이나 거룩함의 '시련'에 관한 영웅적이거나 초자연적인 이야기에 중심을 둔, 이야기하고 듣는 즐거움이 물러나고, 고백aveu의 형식 자체 때문에 도달할 수 없는 것으로서 번쩍거리는 진실을 자기 자신의 깊은 곳에서 낱말들 사이로 돋아나게 하려는 무한한 노력에 의해 지배되

60) 『감시와 처벌』, 우리말역, 302쪽, 원서 p. 195.
61) 『성의 역사』 제1권(*L'histoire de la sexualité : La voloté de savoir*, Gallimard, 1976), 우리말역 85쪽, 원서 p. 85.

는 문학이 대두된 것이다.[62)]

그것은 보급(인쇄, 출판, 저자성 등)의 변화일 뿐만 아니라 형식(예를 들어 서사구조)의 변화, 내용(예를 들어 세세한 일상생활이나 가족에 역점을 두는 것)의 변화, 그리고 수용태도(사기성찰, '몰두')의 변화이기도 하다. 사드는 이제 욕망이 담론 내의 표상을 빠져나가는 사태를 명확히 한 최초의 인물이 아니다. 그는 "17세기의 사목제를 문학에 투영함"[63)] 으로써 욕망을, 세심한 절차를 통해 탐구될 수 있는 불가사의하고 내적인 것으로 구성하는 일을 돕는다. 프로이트는 일탈이나 '파열'에 주목하지 않는다. 확실히 문학이나 수사상의 여러 형식과 분석의 테크닉들 사이에는 유사점이 있는 듯하며, 또 양자 모두 우리 자신에 관한 동일한 종류의 '진실'과 관련되어 있다는 것도 사실인 듯하다. 그러나 양자가 고백이라는 동일한 종류의 절차에 뿌리내리고 있다고 이야기되는 것은 이점에 있어서뿐이다. 『꿈의 해석』*Die Traumdeutung*은 하나의 상징으로 자리잡고 있는 듯하다. 결국 그것은 하나의 자서전이며 하나의 고백이다(왜냐하면 프로이트 자신의 꿈이 논의되고 있으며, 자신의 꿈을 분석하는 과학에 그가 치러야만 할 갖가지 희생에 대한 꿈마저 논의되고 있기 때문이다). 그럼에도 불구하고 이 책에서는 (꿈의 해석에 관한 근대 이전의 저서에서와 마찬가지로) 실제적인 성적 행위들이 등장하는 꿈들에는 거의 주의가 기울여지지 않고 있다. 반면 꿈의 숨겨진 진

62) 같은 책, 우리말역 81쪽, 원서 p. 80.
63) 같은 책, 우리말역 42쪽, 원서 p. 30.

실은 자기반성이라는 고된 테크닉들만이 폭로할 수 있는, 유아기의 일탈된 성적 욕망들의 내면화 속에서 마침내 발견될 수 있게 된다.

'사드에서 프로이트에 이르는 근대의 성현상'[64]이라고 푸코는 1960년대에 쓴다. 1970년대가 되면 그는 이 문제를 위반의 성이 아니라 고백의 성으로, '소모'되는 성이 아니라 정체성을 강제로 결정하는 성으로 생각하게 된다. 따라서 모더니즘의 에크리튀르가 행하는 '위반'이 모든 개별화를 전복시켰다고 생각하는 것은 과장이고 환상이다. 왜냐하면 개별화는, 언어적 표상이라는 '문학적' 문제가 아니라, 그 어떤 언어유희로도 없애 버릴 수 없는 복잡한 정치적 현실이기 때문이다. 이러한 깨달음은 푸코 자신의 '자서전'에서 하나의 사건이며, 실제로 그는 이 사건을 통해 자신의 이론적 작업이 자서전적임을 깨닫게 된다.

> 저는 매번 저의 고유한 경험의 요소들로부터 출발해서 어떤 이론적 작업을 수행하려고 노력했습니다. 언제나 제 주위에서 펼쳐지는 것을 목격한 과정들과의 관련 속에서 말이지요. 다름이 아니라 제가 목격한 것들 속에서, 제가 직면한 제도들 속에서, 제가 타인들과 맺는 관계 속에서 여러 균열, 은밀한 여러 동요, 여러 기능장애들을 제가 식별했다고 생각했기 때문에, 저는 어떤 작업, 자서전적인 몇몇 단편들을 기획하였습니다.[65]

---

64) *DE I*, n° 13, "Préface à la transgression" (「위반 서문」), p. 261.
65) *DE II*, n° 296, "Est-il donc important de penser ?"(「그래서 사유하는 것이 중요한가?」).

이러한 '자서전'은 자기 표현이나 고백의 정반대의 것이다. 이것은 우리의 모더니티 내에서 작동하고 있는 정체성 예속의 절차에 대한 분석이며, 개별화를 둘러싼 근대 정치전략의 분석이다.

주체성의 윤리

푸코의 모더니즘 수용에서 철학적 핵심에 있었던 것은, '언어활동 language이란 무엇인가'라는 근본적인 질문과 그 질문이 우리 문화에 초래한 단절이었다. 푸코가 '특수 지식인'으로서의 비판가나 저술가로 전환했다는 것은, 언어활동에 관한 한 세기에 걸친 강박으로부터 그가 이탈했다는 것을 의미한다. 문학이론의 종말을 고하는 백조의 노래 속에서 숨을 거두는 것이 바로 이러한 강박이다. 푸코는 여전히 주체가 구성된다고 생각한다. 그러나 주체가 언어활동 내에서 구성된다는 라캉의 주장은 거부한다. 우리의 주체성은 수많은 다양한 실천을 통해 구성되며, 고백의 실천들이나 개별화의 실천들, 혹은 그 둘 모두와 같은 문학적이거나 언어적인 실천은 그 일부에 지나지 않는다. '저자-기능'author-function은 마치 밤하늘에 박힌 하나의 별처럼, 개별화 실천이라는 보다 넓은 별자리에 속하고, '저자-기능'에 대한 다양한 문학적 도전은 주체성에 관한 보다 넓은 정치전략에 속한다. 우리에게 필요한 것은 우리의 경험이 구성되도록 하는 실천의 본질과 그 한계들을 분석하는 일이다. 저술가와 비판가는 보다 넓고 보다 덜 형식주의적인 지적 정치전략, 요컨대 개별화함과 동시에 보편화하는 문화에 대한 도전으로서, 주체성을 문제화하는 정치전략에 가세한다.

『글쓰기의 영도零度』*Le Degré zéro de l'écriture*에서 바르트는 현실참여로서의 문학이라는 사르트르의 개념에 반대하면서, '부르주아' 도덕과 여러 문학 제도에 대한 초기모더니즘의 도전은 언어활동의 윤리를 정식화하는 데 있다고 논했다. 그 윤리가 에크리튀르의 실천 속에서 계속되리라는 것이다. '모더니즘의 종말'은, 형식주의의 실험과 '부르주아' 제도에 대한 도전 간에 얽힌, 언어활동의 윤리와 그 역사적 원천들 간에 얽힌 이 역사적 이음매를 풀어버리는 작업 속에서 발견된다.

문학의 본질은 언어활동의 존재에 있고, 예술적 행위의 본질은 그것이 재료나 표현 수단과 맺는 관계에 있으며, 문화의 본질은 예술의 탁월한 작용을 가능케 하는 상호텍스트성의 직물에 있다는 생각을 푸코는 부정하게 된다. 주체가 언어활동 속에서 구성되지 않는 것과 마찬가지로, 에크리튀르의 윤리는 언어활동의 윤리가 아닌 것이다. 푸코는 새로운 윤리를 주창한다. 그것은 위반의 윤리가 아니다. 그것은 구성된 경험 형식들로부터 끊임없이 이탈하는 윤리, 새로운 삶의 형식을 창조하기 위해 자기를 해방하는 윤리이다. 모더니즘은 예전에 생각되던 것만큼 완전히 하나로 통일된 것이 아니다. 형식주의 이전 시기나 형식주의 이후 시기에 모더니즘은 푸코의 윤리 개념과 만난다. 대상과 소재의 윤리가 아닌, 주체적 경험의 윤리 개념과 만나는 것이다.

따라서 말라르메식으로 언어활동에 집중하는 데 관심을 기울이는 대신, 초기모더니즘이 갖는 고전적 문제들에 대한 관심으로 돌아갈 수 있을 것이다. 그것은 『현대생활의 화가』*Le Peintre de la vie moderne*에서 보들레르가 던졌던 질문, 즉 '언어활동이란 무엇인가'라는 문제가 문학의 문제가 되기 위해서는 어떤 형식의 삶을 살아야 하느냐 라는 질문이다. 보들레르가 제안하는 윤리는 예술의 형태들에 관련된 윤리가 아니라 삶의 형태들에 관련된 윤리이며, 대상의 미학이 아니라 실존의 미학이다.

보들레르가 묘사하는 국제도시[파리]의 인물들(댄디, 산책자)은, 실존의 미학이라는 이 문제를 서사극의 형태로 제시하기보다는 오히려 근대적 형태로 제시한다. 즉 영광스러운 기억을 후세에 남기려면 어떻게 살아야 할 것이냐가 아니라, 미리 규정된 것과는 다른 경험의 형식들을 창조해 내기 위해 어떻게 에크리튀르를 활용할 것이냐를 묻는 것이다. 여기서 제시되는 것은 과학에도, 종교에도, 칸트식의 도덕적 의무들에도 기초하지 않는 윤리이다. 그것은 추상적 의무로서의 윤리라기보다는 오히려 삶의 선택의 문제로서의 윤리이며, 이렇게 에크리튀르의 문제는 자기 창조의 미학이 된다.

퍼포먼스와 같은 포스트형식주의 작품은 보들레르의 문제를 새로운 방식으로 문제 삼는다. 자신의 삶, 살아 숨쉬는 몸으로서의 자기 육체, (표상에서의 역할과는 다른) 사진으로 찍을 수 있는 것으로서의 자신의 현전은, 자기에 대한 일반적인 느낌이나 그것의 구성된 느낌을 교란하려고 시도하는 어떤 작품으로 통합된다. 말들, 상황들, 몸짓들, 혹은 이미지들을 경험 속에서 풍자적, 반어적, '모상적'으로 반복하는 것은 그것들이 우연하다는 느낌을 발생시킨다. 이들의 형상이 본래적이라고 생각할 필요는 없으며, 다른 삶의 방식을 선택해도 무방하다. 그런 작품들에서 '거리'distance는 예술적 표상을 위한 하나의 조건이 아니라, 우리가 다른 종류의 경험을 창출할 수 있다고 간주하는 윤리-미학ethic-esthetic에서의 한 수단이다. 따라서 이 '거리'는 하나의 윤리이다. 이 윤리에서 자유라는 것은 자기의 발견이나 진정성에 있는 것도 아니고, '자유'로운 언어유희에 있는 것도 아니다. 이 윤리에서 자유는, 끊임없이 자기로부터 일탈하고 또 자기를 창조해 내려는 시도에 있다.

이것이 작가이자 지식인으로서의 푸코 자신의 윤리가 된다. 그것은 그의 작업이 모더니즘의 종말과 더불어 지향하는 방향이다. 그것은 또한 주체의 구성에 대한 모더니즘의 도전을 그 나름대로 계속하는 방법이기도 하다. 그리고 그것은 푸코의 여러 이력에 등장하는 적극적 유명론과, 그의 저항의 정치전략과, 그의 비평의 변용 속에서 발견할 수 있는, 특정한 역사·정치적 입장에 이르게 한다. 이것은 주체성의 윤리, 모더니즘의 종말의 윤리이다.

II. 저항의 정치전략

푸코의 딜레마

푸코는 여러 영역과 시대에 걸쳐 역사를 기술했다. 그는 역사학에 대해서도 쓰고, 역사학의 방법론에 대해서도 썼다. 대체로 철학자들은 무엇보다 먼저 역사가들이 별로 주목하지 않았던 푸코의 메타역사 meta-history에 관심을 기울였다. 역사가들은 자신들의 관점에서 푸코의 작업을 판단하는 것을 더 좋아했다. 그런데 더 복잡한 문제가 있다. 사르트르와 마찬가지로, 푸코도 공적 지위에 있는 '지식인'이었다. 그리고 그런 의미에서 그는 자신이 쓴 역사들과 그것들을 기술한 방법 모두에 대해 그 정치적 목적이나 영향에 대해 번민하지 않으면 안 되었다. 푸코 저작의 세 가지 측면은 비록 내적으로는 생각보다 정합적이지 못한 듯하지만, 그것들을 일괄하여 취급하는 것이 유익하다.

푸코는 종종 사르트르의 철학적 라이벌이라 여겨져 왔다. 그럼에도 불구하고 한 사람의 지식인으로서 그가 사르트르와 공유하는 경향은, 자신의 저작을 학술적이지 않고 전문적이지 않은 것으로서 제시한다는 점, 그리고 그의 저작이 우리 모두의 삶에서 기본적인 문제들을 기술관료적이지 않은 방식으로 검토하고 있다는 점이다. 또 사르트르와 마찬가지로, 지식인이라는 역할을 떠맡게 되면서 푸코의 주된 관심은 인식론으로부터 정치로 옮겨가게 되고, 비록 특정 정당과 함께하지도 않았고 관료제적이거나 카리스마적인 권력에 대한 그 어떤 요구와도 관계를 맺지 않았지만, 야당적 좌파와 동일시되었다. 1972년 푸코는 철학자 질 들뢰즈와 뜻을 같이해서, 지식인들은 이제 더 이상 스스로를 '대중의 대표자'로 여기지 말아야 한다고 단호하게 주장했다. 지식인은 한 발짝 떨어진 곳에서 특수한 영역의 투쟁에 유효한 분석을 제공해야 한다는 것이다.

푸코의 역사와 그의 메타역사에 공통되는 일군의 문제가 있는데, 그 때문에 좌파 지식인으로서의 그의 현실참여에 딜레마가 초래되고 있다. 그의 딜레마는 프랑스 지식인들의 한층 더 일반적인 상황과 관련되며, 그 상황은 마르크스주의 사상의 가치 저하, 68혁명으로 상징되는 저항정신의 쇠퇴, 즉 '이데올로기의 종말', 그리고 더 주요하게는 사회당의 승리와 같은 여러 원인에 의해 발생되었다. 그리고 그 결과, 지식인이라면 자동적으로 좌파일 거라는 생각이 이제 더 이상은 당연하지 않게 된다.

1976년 『성의 역사』 제1권 『앎의 의지』를 발표하며, 푸코는 좌파 감수성에 대한 비판적 분석으로 읽힐 수 있을 주제를 내놓는다. 그의 추측에 따르면 성의 '해방'이나 성의 '혁명'에 관한 우리의 논의들 중 대부분은 사실 한정된 작은 실천에 속하는 것이다. 이제는 그러한 실천을 지배 내재화의 오랜 역사의 지속으로 재해석하는 것이 중요하다는 것이다. 푸코의 결론은 우리가 우리 자신의 성현상sexuality이라고 생각하는 바의 역사적 구성에 어떤 아이러니가 도사리고 있다는 것, 즉 우리의 해방이 논의되고 있다고 생각하기는 어렵다는 것이다.

나는 이 아이러니 속에 자유에 대한 더 일반적인 철학적 문제가 함축되어 있다고 말하고자 한다. 자유를 철학의 문제 자체로 만들려 했던 사람은 두말할 것도 없이 사르트르였다. 푸코는 이의를 제기했다. 예를 들어 『말과 사물』의 영역판 독자라면 "내[푸코]가 거부하는 접근법이 하나 있다면 그것은 […] 현상학적 방법론"[1]이라는 사실을 알고 있다. 푸코의 주장에 의하면 역사에 선재하고 또 더 나아가 역사를 구성하는 것으로서의 주체는 경험적이든 선험적이든, 개인적이든 집단적이든 간에 전혀 존재하지 않는다. 푸코는 철학자들이 우리 '생활세계'의 구성 범주를 규정하려 했던 상황 그 자체를, 익명의 규칙들이 암묵적으로 지배하는 역사적 담론체와 관련해 분석할 수 있다고 생각했다. 그런 점 때문에 푸코를 반사르트주의자로서의 후기하이데거, 즉 자유를 '안티휴머니즘'적으로 이해한 하이데거에 비유하는 경향이 있다. 자유를 의지로 이해하거나 우리가 누구인지 또는 무엇인지에 대한 근본적 선택으로 이해하는 것이 아니라, 한 시대의 가능성들을 자유롭게 하는 것, 혹은 '밝히는 것clearing, Lichtung'으로 이해하는 것이다

---

1) Michel Foucault, *The Order of Things*, p. xv. "If there is one approach that I do reject, however, it is that (one might call it, broadly speaking, the phenomenological approach) which gives absolute priority to the observing subject, which attributes a constituent role to an act, which places its own point of view at the origin of all historicity – which, in short, leads to a transcendental consciousness. It seems to me that the historical analysis of scientific discourse should, in the last resort, be subject, not to a theory of the knowing subject, but rather to a theory of discursive practice."

(다음 장을 보라).

문제는 지식인으로서의 푸코가 확실히 하이데거보다는 사르트르와 더 많은 공통점을 갖고 있다는 사실이다. 푸코는 '독일민족의 운명' 같은 것보다는, 프랑스 교도소 폭동에서의 구체적 요구라든지 동유럽 반체제 인사들의 상당히 '실존주의적'인 저항을 훨씬 더 걱정했다. 지식인으로서의 그의 태도는, 어떤 학문적 전통이 우리와 맺는 관계와 주요하게 관련되어 있지는 않았다. 철학적인 민족언어national language와 동일시되는 것으로서의 '민족'에 관한 하이데거의 담론과 같은 것은 푸코에게 전혀 없으며, 국지적인 '담론'의 편린들을 분석할 때에도 푸코는 민족언어의 문제에 거의 주목하지 않았다. 더욱이 수형자나 정신병자, 동성애자와 관련된 정치적 문제에 대해 그가 의견을 제시할 때에는 정치적 자유 개념이 얼마간 요구되는 듯하며, 이는 '권력의 철학'을 주창하려는 보다 일반적인 시도에서도 마찬가지인 듯하다. 하지만 이런 정치적 자유가 한 시대의 '밝힘clearing, Lichtung'이라는 하이데거의 관념과 어디까지 합치하는지는 명확하지 않다.

이런 의미에서 메타역사에 대한 푸코의 입장이나 실제 역사에 기반한 그의 작업들에서, 무엇이 그의 좌파 지식인으로서의 현실참여와 관련한 모호함들을 초래했는지에 대해 보다 세밀히 고찰하는 것은 유익할 것이다.

• 메타역사의 딜레마

푸코가 역사 내에서의 비의지주의주의적이고 안티휴머니즘적인 자유 개념을 주장하기 때문에, 그는 메타역사적으로 역사의 변화와 관련된 딜레마에 빠지게 된다. 역사의 철저한 불연속성을 이야기하는 그의 초기 주장에 의하면, 의도적이지 않은 변화라 할지라도 그것이 내부의 모순이나 외부의 힘에 의해 야기되거나 불가피하게 되는 것은 아니다. 그렇기 때문에 불연속성에 대한 이 주장은 새로운 가능성의 체계를 여는, 즉 '밝히는' 어떤 자유를 가정하는 것으로 읽힐 수도 있고, 진보의 연속성이나 '변증법적' 변형이라는, 오해를 불러일으키기도 하고 미심쩍기도 한 특성들로부터 이 자유를 지키려는 것으로 읽힐 수도 있다.

『광기의 역사』*L'histoire de la folie à l'âge classique*는 이러한 불연속적인 '여러 층들'이 폭로되거나 '발굴'되도록 하는 이런 종류의 분석을 일컫기 위해 '고고학'이라는 용어를 도입한다. 『말과 사물』에서 이 은유는 다음과 같은 가설, 즉 우리의 '일상적 지식[savoir]'에는 규칙성들이 있으며, 그것들이 가능한 담론의 체계들을 규정한다는 가설을 설명하기 위해 사용된다. 가능한 담론의 체계들에는, 무엇이 적절한 자료나 증거로 간주되는지, 어떤 종류의 대상들이 논의되는지, 어떤 종류의 문들이 참이나 거짓일 수 있는지 등이 있다. 그 규칙성들은 표면에 나타나지 않는다. 그것들은 노골적 개입이 아니며 그 누구에 의해서도 일관된 전체로 간주될 수 없다. '심층' 수준에서는 영웅도 없고 담론은 익명적이다. 따라서 이러한 가능성의 체계 어느 하나로부터 다른 하나로 변화하는 것은 내적인 여러 어려움의 인식이나 어떤 집단적 결정 및 행동에서 비롯되는 결과가 아니다. 역사적 변화 중에 의도적인 것들도 있을 수는 있다. 그러나 고고학적 수준에서 보자면 갖가지의 의도적 선택들이 확정되는 곳에서 변화가 결정되는 것은 아니다. 특히 고고학적 규칙성은 잘못된 견해나 기만적인 동의에 의해 지탱되는 것이 아니며, 이런 의미에서 이데올로기와 다르다. 요컨대 이 규칙성이 이데올로기적으로 기능하기 때문에 지탱되는 것은 아니라는 것이다. 이상의 이유들로, 심층에서의 역사적 변화가 의도적이지 않음에도 불구하고, 심층의 역사적 규칙성은 필연적인 것이 아니다.

우리의 일상적 지식 중 얼마나 많은 부분이 불연속적인 변화의 양식에 실제로 따르고 있는지를 논의할 수도 있다. 그러나 다음과 같은 딜레마도 존재한다. 비록 우리가 불연속을 인정하고, 심층적이거나 고고학적인 변화가 의도적이지도 않고 필연적이지도 않다는 데 동의한다고 해도, 우리가 반대하는 오늘날의 상황 속에서 '심층의 규칙성'과 대면했을 때, 우리는 무엇을 할 것인가? 우리는 고작해야 그 심층의 규칙성을 체념적으로 받아들이고 어떤 종말론적 변화까지 기대하게 되어 버리지는 않을까? 그 누구도 심층의 변화를 야기해서는 안 된다면, 어떻게 우리는 우리일 수 있을까?

적어도 지식인으로서 푸코는, 그가 우리의 '심층' 역사에서 발견한 많은 것들에 대단히 적대적이었다는 많은 지적들이 있다. 우리의 문명이 정신병, 실병, 범죄, 성현상 등에 내처하기 위해 고안해 낸 '계몽적'이거나 기술관료적인 방법에 푸코는 강하게 반대했으며, 또 고고학적으로 반대했다는 것이다. 실제로 『광기의 역사』에서 처음 사용된 '고고학'이라는 용어는, 정신건강을 위한 제도들을 출현시킴으로써 광기에 대한 문화적 예찬을 '침묵'시켰던 갖가지 힘들의 발굴을 기술하기 위한 것이었는데, 광기에 대한 문화적 예찬은 푸코가 상당히 좋아했던 반면 정신건강을 위한 제도들은 별로 좋아하지 않았다. 마찬가지로

『말과 사물』에서도 푸코가 '인간'을 물상화物像化하고 실체화하는 문화에 반대하면서, 자신이 예견하는 포스트휴머니즘 시대를 받아들이도록 독자를 설득한다는 것은 명백하다. 반면, 예를 들어 '세계라는 산문'(르네상스시대의 신비학)으로부터 '표상의 질서'(고전주의적 사유)에 이르는 변화는, 고고학적으로 보자면 푸코가 예견하는 바와 차이가 없음에도 불구하고, 중립적인 용어들로 기술되고 있다.

한편으로 변화는 이렇게 너무나 심층적이 되는 바람에, 그 어떤 개혁도, 심지어는 혁명조차도 다다를 수 없는 저 너머에 머무를 우려가 있게 되고, 다른 한편으로는 그 분석의 요체가 단순히 호고好古적인 것에 머무르지 않는 이상, 그런 심층적 변화에 대한 비판임과 동시에 동조가 된다. 요컨대 푸코는 개혁적이거나 혁명적인 변화 가능성을 수반하지 않는 하나의 비판적 분석을 제안하는 듯하다.

이렇듯 푸코의 메타역사가 전제하는 지식인의 입장은, 제도 개혁을 지향하는 기술관료제나 실용주의에서 역사를 사용하는 방식과도 다르고, 이데올로기 비판이나 전 지구적인 사회주의적 대안을 위해 마르크스주의가 역사를 사용하는 방식과도 다르다. 마르크스주의에서 이데올로기는, 고고학적 규칙성과는 달리, 행위 주체의 왜곡된 동의나 그 왜곡된 동의가 야기한 작용들에 의존하는 것으로 간주된다. 이렇게 해서 이데올로기 비판이 우리의 허위 관심들의 기원들을 드러내 보일 때 그것은 우리로 하여금 우리의 참된 관심들을 인식하게 하며, 심지어 그 참된 관심들은 역사적으로 '객관적'이다. 그것들은 웬일인지 우리로 하여금 바로 그 사회주의적 해법을 향해, 즉 궁극적 혁명을 향해 가도록 한다. 그에 반해 푸코가 행하는 심층차원에서의 비판적 분석은 그 어떤 단일한 해법이나 대안도 수반하지 않을 뿐 아니라, 현존하는 여러 개혁안을 한층 더 회의하게 만드는 경향이 있다. 푸코의 메타역사 관련 딜레마는 따라서 이런 것이다. 어떻게 이러한 심층적 역사분석이 동시에 정치적 투쟁에 유용한 형태의 비판이 될 수 있는가? 이는 그의 지식인으로서의 현실참여가 요청하는 것이기도 하다.

푸코는 자신이 분석한 심층구조 가운데 몇몇이 예속 상태에 있다면서 이를 비판한다. 그것들은 다른 심층 구조를 배제하기 때문이다. 예를 들어 예술작품을 그 유기체적 온전함이나 그 원저자성과 관련 지어 분류하고 해석하는 우리의 실천은, 그 작품들이 읽히고, 영향받고, '유통=순환되는' 다른 방법들을 배제한다고 푸코는 주장한다. 하지만 이런 식이라면 모든 심층구조가 배타적인 것으로 보일 것이고, 따라서 작품들이 어떤 특수한 실천을 통해 수용된다는 사실만으로는, 심지어 멸시받는 휴머니즘적 작자-작품의 실천을 통해 수용된다 할지라도, 그런 사실만으로는 그것을 비판하기에 충분치 않다. 담론의 유통=순환이 규칙에 지배되는 방식을 분석할 때 푸코는, 어떤 하나의 유통=순환 방식이 다른 방식보다 더 좋다고 말할 수 있는 어떤 근거도 제공하지 않는 듯하다. 그는 '저자-기능'을 격렬하게 거부하면서도 그것을 대신할 만한 다른 일련의 대안적 실천들을 제시하지는 않는다. 여기서도 그의 거절은 그 어떤 대안의 이름으로도 행해지고 있지 않다.

• 역사의 딜레마

푸코는 지식인으로서 반대파 좌파 쪽에서 현실참여를 하긴 했지만, 그의 현실태적 역사분석과 '좌파'의 역사관을 지배해 왔던 주요 도식들이 단순한 방식으로 조화되는 것 같지는 않다. 따라서 푸코가 기술하는 역사가, 봉건제에서 자본주의로, 그러고 나서 다시 후기자본주의로 이행한다는 줄거리, 혹은 근대화와 관료주의의 발생이라는 줄거리, 혹은 사회에 대한 국가지배의 증대라는 줄거리와 조화를 이루는지, 조화를 이룬다면 어떻게 조화를 이루는지에 대한 논의가 이어져 왔다. 때로는 푸코 자신도 자신의 분석이 어떻게 이 도식들에 합치될 수 있는지에 대해 깊이 생각했다. 푸코의 시대구분이 명백하게 그의 문제들에 맞춰진 것임에도 불구하고 말이다.

푸코의 역사를 둘러싸고 전개된 논의의 가장 현저한 특징은 의견차가 크다는 것이었다. 미국을 예로 든다면 신듀이파neo-Deweyan 철학자 리처드 로티는 푸코가 부르주아 계급 전반의 분개를 표명한다고 혹평했고, 사회사가社會史家 데이비드 로트먼은 푸코의 분석이 부르주아 계급을 언급하는 데 실패했다고 불만을 표시한다. 프랑스에서도 마찬가지로 푸코는, 국가를 무시한다고도 비난받았지만 또한 동시에 '사회'의 개입 여지가 없을 정도로 국가의 세력 범주를 전면화한다고 비난받았다. 푸코의 역사는 자본주의, 관료제, 그리고 국가에 대해 우리가 이야기하는 장대한 이야기와는 잘 합치하지 않는다고 추론해도 될 듯하다.[2)]

---

2) '규율'은 이제까지 국가의 행정과 동일시되어 오기도 했고 행정의 보호가 미치지 못하는 영역에 대한 제도적 장치들과 동일시되어 오기도 했는데, 이것은 필시 규율이, 그것들을 대체하는 다른 전통적인 정치적 방법을 문제화하기 때문일 것이다. 권력 '테크놀로지'의 상대적 자율성과, 그 테크놀로지가 여러 형태의 통치들과 양립 가능하다는 점은 하나의 정치적 딜레마를 자

더욱이 푸코가 암시하는 미래상도 '계급 없는 사회'라는 전통적 비전과 쉽게 합치되지 않는다. 심층분석은 목적론과 일체 무관하고 어떠한 대안과도 관련되어 있지 않기 때문에, 예언이나 예측, 희망에 별다른 근거를 제공하지 않는 듯하다. 그리고 실제로 푸코가 미래를 언급할 때에는 대개 낯설게 하는 수사적 실천의 형식이나 사유 실험의 형식이 포함되어 있다. 우리에게는 익숙한 우리의 몇몇 행동들을, 우리의 미래 세대 사람들이 경악과 불신의 눈으로 뒤돌아보는 것을 상상해 보라고 요구하는 것이다. 새로운 시대가 되면, 도대체 왜 수세기에 걸쳐 광인이 감금되고 연구의 대상이 되어 왔는지, 또 '인간'과 인간

아낸다. 즉 레닌주의의 국가 장악도, 또 그것을 대신하는 [국회 또는 지방의회와 같은] 민주 정체도 규율적인 것을 도저히 당해낼 수 없는 듯 보인다. 풀란차스(Poulantzas),『국가, 권력, 사회주의』(*State, Power, Socialism*)를 참조하라.

보호국가 옹호론은 마이클 왈저(Michael Walzer)가 (*Dissent* 1983년 가을호에서) 논하는 것인데, 그는 자신과 타인들이 15년 전에 기술한 사회의 증대된 관리조직에 대한 견해를, 푸코가 되풀이하고 있다고 비난한다. 게다가 그가 기술한 바에 의하면 푸코의 이 방식에는 '중대한 잘못'이 있다. 왜냐하면 왈저나 다른 사람들에게서는 그 관리조직에 한계를 설정해 주는 것으로 간주되는 '정치철학이나 법철학'이 끼어들 여지를 주지 않기 때문이다. 요컨대 푸코는 자유주의국가에 대한 인식을 결여하고 있으며, 우리의 자유로운 형무소에 있는 일반적인 수감자들과 학교 학생들, 공장 노동자들, 그리고 더 진지하게는 전체주의적 형무소에 수감된 정치범을 구별하는 방법도 갖고 있지 못하다는 것이다. 그러나 왈저가 간과하는 것은 '자유주의국가에 대한 긍정적 평가'는 푸코의 딜레마로부터 빠져나가는 참된 해결책이 결코 아니라는 점이다. (1) 그는 푸코가 자유주의와 '국가의 통치화'의 관계에 대해 실제로 어떻게 말해 왔는지 알지 못한다. (2) 그는『감시와 처벌』에서의 논의를 부정확하게 추정한다. 푸코가 "마르크스주의적 기능주의"에 빠졌다는 것이다. 사실 푸코는 자신이 생각하기에 몇몇 '기술들'이 창출되는 계기가 되는 새로운 형식의 범죄성을 논하면서 몇몇 아날학파 역사가들의 말을 인용한다. 규율적인 것이 성공을 거둔 이유는, 그것이 사회의 다른 부분에서의 기술들을 '지속시키고 강화시키는' 그 방식에 기인한다는 것이다. 중요한 것은 규율적인 것이 자본주의에 의해 필요해졌다는 것이 아니라, 그것이 전혀 필연적이지 않다는 사실이다. (3) 왈저는 전체주의라는 주제를, 위대한 자유주의국가의 감옥에 대한 새로운 종류의 비판에 대항하는 일종의 협박으로 이용하고 있지만, 여기에는 아주 미심쩍은 데가 있다. 푸코는 필시 동구권 사회주의의 특수한 정치전략과 그에 대한 저항운동을 이해하는 것을 방해하는 장애물로서 그 전제주의의 명제를 문제시하는 것 같다.

의 '합리성', 그리고 인간의 도덕적 본성과 같은 기이한 실체가 어떻게 해서 문화적 전통의 중심이 될 수 있었는지, 더 이상 아무도 이해하지 못하게 될 것이다. 이런 의미에서 『성의 역사』 제1권 말미에서 푸코는, "아마 언젠가 신체와 쾌락에 대한 다른 체제에서"[3] [그때의] 사람들은, 왜 우리가 수천 년에 걸쳐 성을 고백하는 문화를 전개해 왔는지 이해하지 못하리란 걸 생각해 보라고 권유한다. 그 외에 이 "다른 체제"에 대해서나, 그것이 존재할 수 있고 실현될 수 있는 데 필요한 역사적·사회적 조건들에 대해서는 별로 기술하고 있지 않다. 따라서 '심층분석'에 합치되는 방식으로 푸코가 언급하는 미래는, 『말과 사물』에서의 구별을 사용해 말해 본다면, '유토피아적'이라기보다는 오히려 '헤테로토피아적'이다.[4] 푸코는 우리에게 보다 나은 완벽한 삶의 형식을 희망해 보라는 것이 아니라, 우리의 이 시대가 자의적으로 보일 정도로 너무나 다른 시대를 상상해 보라고 한다.

하지만 설령 푸코에게 유토피아에 대한 상상이 있다고 우리가 믿는다 할지라도, 그것이 사회주의적인 유토피아는 아닐 것이다. 때때로

---

3) 『성의 역사』 제1권, 우리말역 177쪽, 원서 p. 211.

4) 『말과 사물』, 우리말역 11~12쪽, 원서 pp. 9~10. "유토피아는 위안을 준다. 왜냐하면 유토피아는 실재하는 장소를 갖지 못한다 해도, 고르고 경이로운 공간에서 펼쳐지며, 비록 공상을 통해 접근할 수 있을 뿐이지만, 넓은 도로가 뚫려 있는 도시, 잘 가꾼 정원, 살기 좋은 나라를 보여 주기 때문이다. 헤테로토피아는 불안을 야기하는데, 이는 아마 헤테로토피아가 언어를 은밀히 전복하고, 이것과 저것에 이름 붙이기를 방해하고, 보통 명사들을 무효가 되게 하거나 뒤얽히게 하고, '통사법'을, 그것도 문장을 구성하는 통사법뿐만 아니라 말과 사물을 (서로 나란히 마주보는 상태로) '함께 붙어 있게' 하는 덜 명백한 통사법까지 사전에 무너뜨리기 때문일 것이다. 그래서 유토피아는 이야기와 담론을 가능하게 하는 반면에, 즉 유토피아는 언어와 직결되고 기본적으로 파불라의 차원에 속하는 반면에, 헤테로토피아는 (보르헤스에게서 그토록 빈번하게 발견되듯) 화제를 메마르게 하고 말문을 막고 문법의 가능성을 그 뿌리에서부터 와해하고 신화를 해체하고 문장의 서정성을 아예 없애 버린다."

그는, 새 시대를 고하는 것은 형식 자체가 중심이 되는 모더니즘 예술과 문학이라고 생각하는 것 같고, 또 그 모더니즘 예술과 문학은 오늘날 계몽주의 시대에 의해 침묵을 강요당해 온 무언가 불명료한 것을 찬미하는 듯하다고 생각하는 것 같다(이전 장을 참조하라). 니체주의적인 몇몇 철학적 관점들이 그렇듯, 정신분석학은 우리로 하여금 그것이 무엇일지 이해할 수 있도록 도와준다. 즉 우리의 과학은 이제 더 이상 우리의 미신을 제거해 주는 단일하고 보편적인 합리성을 담지하고 있다고 여겨지지 않으며, 주체라는 것은 이제 우리가 그것 없이도 지낼 수 있는 철학적 허구에 불과하다. 그러므로 새 시대가 오면 과학은 다른 방식으로 이해될 것이며, 주체성에 대한 언급은 오늘날 그것이 우리에게 친숙한 만큼이나 낯설어질 것이다. 푸코는 이렇게 광기를 유폐시키기보다는 오히려 찬양하는 포스트칸트주의 문화를 마음에 그리는 것 같다. 이 상상은, 재화와 노동이 완전히 공정하게 분배되고 인간의 기본적 욕구가 소외 없이 충족되며 국가 및 모든 위계적 권력관계들이 소멸되거나 혹은 목가적이고 합리적이며 민주적인 자주관리가 이루어지는 새로운 사회와 같은 유토피아적인 생각과는 거의 공통점이 없다(푸코 자신이 '위반' 분석에서 시사하듯, 그것[유토피아적인 생각]과 양립 불가능한 것 같다).

요컨대 푸코가 기술하는 역사를 전통적 좌파의 도식에 만족스럽게 끼워 넣을 방법은 없으며, 그가 암시하는 미래를 사회주의자들의 희망과 합치시킬 방법도 없어 보인다. 더욱이 심층 차원에서의 역사 분석이라는 방법 때문에 그는 개혁이나 혁명을 권유하지 않는 지식인의 위치를 점유하게 된다. 그렇지만 지식인으로서의 그는 여전히 자신의 작업이 좌파의 정치투쟁에 기여한다고 생각한다! 바로 이것을 나는 푸코의 딜레마라고 부른다.

그는 전체사에 이의를 제기하고 전 사회의 관심들을 대표한다는 허세에 이의를 제기하는 가운데, 좌파의 장대한 역사 모델에 점점 더 회의주의적이 되었다. 이제 역사 속에서 주목받아야 하는 것은 국가와 관료제, 그리고 조합의 기원이나 기능이 아니라, 정치의 군사화와 국가의 '통치화'라고 그는 주장하기 시작한다. 심층의 수준에서 우리는 현대의 정치를 특수하고 분산된 형식의 전투로 이해하여야 한다는 것이다.

이렇게 해서 나는 푸코가 자신의 딜레마를 해결하기 위해 '포스트혁명'의 입장을 채택했다고 말하고 싶다. 추측건대 혁명이라는 용어는 우리가 '심층의' 변화를 정치적으로 평가하려 할 때 사용하는 모델을 일컫기도 하고, 한 지식인의 기능을 민중의 목소리나 계급의식 및 사회의식과 관련해 이해할 때 우리가 사용하는 모델이기도 하다.[5] 그와

---

5) 『르몽드』(1979년 5월 11일 자)(*DE II*, n° 269, "Inutile de se soulever ?"(봉기하는 것은 무용한가?), p. 791)에서 푸코는 혁명과 저항을 대비시킨다. "'혁명'의 시대가 도래했다. 지난 두 세기 동안 혁명은 역사 위로 솟아올라, 우리의 시간 지각을 조직했으며, 우리의 여러 희망을 집중시켰다. 그 혁명은 합리적이고 제어가능한 역사 내부에 봉기를 적응시키기 위해 엄청난 노력을 해 왔다. 혁명은 봉기에 정당성을 부여했고, 좋은 형식의 봉기와 나쁜 형식의 봉기를 구별했으며, 봉기의 전개에 관한 규칙들을 정의했다. 또 혁명은 봉기의 전제 조건들과 목적들, 그리고 봉기를 완수하는 방법들을 결정했다. 심지어 혁명가라는 직업까지 정의되었다. 봉기를 이런 식으로 회복시키면서 사람들은 봉기가 그 진실 속에서 드러나도록 했다고, 또 봉기의 진정한 끝을 향해 이끌었다고 주장했다. 경이롭고 가공할 만한 약속이다." 푸코를 '포스트혁명가'로 부르면서 내가 의미하려는 바는, 그가 이 약속을 문제화하려 하고, 또 저항의 특수성, 또 저항이 직면하는 다양한 권력의 특수성을 옹호하려고 시도했다는 점이다. 어빙 크리스톨(Irving Kristol)과 한나 아렌트(Hannah Arendt)가 공유하는 명제, 즉 전체주의에 이르는 프랑스적 혁명과 자유민주주의에 이르는 미국적 혁명, 이렇게 두 가지 혁명이 있다고 하는 어떤 종류의 명제가, 푸코에 입각한다고 나는 생각하지 않는다. 내가 보기에 푸코는 이 두 종류의 혁명이

대조적으로 푸코가 연구한 '심층의 변화'는 새로운 종류의 정치투쟁과 지배를 발생시키는 것이지, 평화나 자유와 관련된 새로운 제도들을 발생시키는 것이 아니다. 그리고 그는 민중, 계급, 사회의 의식이나 목소리를 명확히 표명하려는 그 어떤 시도도 거부한다. '역사적 유명론',[6]

입각하고 있는 전체주의적 명제를 반박하고, 우리 앞에 닥친 특수한 '테크놀로지'들에 어울리는 형식의 투쟁을 고안해 낼 필요가 있다고 주장하는 듯하다. 가령 중남미의 독재와 마찬가지로 동구의 사회주의에도 특수한 종류의 '정치적 합리성'이 필요하며 특수한 형태의 저항이 필요하다는 것이다. 혁명의 논리와 마찬가지로 전체주의의 논리는, 우리가 그것의 특수성을 이해하지 못하도록 방해해 왔다. 따라서 푸코는 우리의 참된 문제는 정치적 테크놀로지의 문제이지 정치적 이데올로기의 문제는 아니라고 생각하는 듯하다.

6) 『불가능한 감옥』에서 푸코는 스스로를 역사적 유명론자로 기술한다. "폴 벤느(Paul Veyne)가 정확히 지적했듯이, 이는 그 자체로 역사적 분석을 통해 형성된 유명론적 비판이 역사적 지식에 끼치는 효과를 묻는 일입니다."(우리말역(『푸코 효과』) 132쪽, *DE II*, n° 278, p. 853). 이것은 「역사학을 혁신한 푸코」("Foucault révolutionne l'histoire", 김현경 · 이상길 옮김, 『역사를 어떻게 쓰는가』(*Comment on écrit l'histoire*), 새물결, 2004에 수록)라는 논문에 대한 언급인데, 그 논문에서 벤느는 푸코가 역사를 연구하는 목적이 희박화라는 사실을 발견한다. "사물은 여러 규정된 실천의 대상화 = 객관화에 지나지 않음을 이해하기 위해서는 그 실천의 규정이 폭로될 필요가 있다. 왜냐하면 의식은 그것들에 대한 개념을 전혀 갖고 있지 않기 때문이다…."(*Comment on écrit l'histoire*(『역사를 어떻게 쓰는가』), p. 129). 벤느는 둔스 스코투스(Duns Scotus)를 인용하는데 그 방식은 다소 역설적이다. 왜냐하면 스코투스의 사유에는 어떤 공통된 자연상태(communis naturae)에 준거한 자연의 종 또는 명칭이 실존하는데 이 공통의 자연상태는 종의 각 실제 속에 '개별화되어' 있기 때문이다(haecceity, 개별성의 특성). 유명론은 보통 중세에 제기된 학설을 지시한다고 여겨진다. 그 학설에서는 개개의 사물만이 존재하며, 사물이 분류되는 방식은 인간실천의 관습, 인간의 언어가 가정하는 바, 인간의 마음이 날조한 것에 지나지 않는다고 본다. 역사적 분석을 통해 '유명론적 비판'을 정식화할 때, 푸코는 '광인', '범죄자적 인격'이라는 '이름'들은 정신의 날조나 언어의 창조물에 지나지 않는다는 추론을 배제하는 듯하다. 왜냐하면 그러한 명칭이 '규정되는' 실천들은, 의식적으로 이해되지는 않더라도 상당히 실재적인 것으로 받아들여지기 때문이다. 변화를 가능케 하는 것은 명칭이 출현하는 장소인 이 실천의 실재성이다. 그런데 이 변화는 단순한 언어의 변화나 의지주의적 명령에 의해 성취될 수는 없다. 이런 의미에서 '명칭' 그 자체가 '물질적'이라고 말할 수 있을 것이다. 따라서 푸코는 칸트가 '실재론'을 유명론이 아닌 관념론과 대비시키려고 할 때 (이것이 나중에 유명론 대 관념론이라는 마르크스주의적 서사가 된다) 칸트와 연관될 수 있는 주관으로의 전환을 무효화하려 했던 것 같다.

『기술적이고 비판적인 철학 어휘집』(*Vocabulaire technique et critique de la philosphie*)에서 앙드레 랄랑드(André Lalande)의 보고에 따르면 이미 19세기 말에 과학적 유명론(nominalisme scientifique)은 과학이 통일적인 학문이 아니며, 실재는 객관적 담론이 언급하나는 이 포스트혁명의 전망과 일치하는 방법론적 입장을 이렇게 부르고자 한다. 그리고 푸코가 포스트혁명 시대에 자유의 철학자일 수 있다고 말하고 싶다.

유명론적 역사

그럼에도 불구하고 영미의 수많은 주석자들은 푸코의 역사에 자유가 결여되어 있다고 불평해 왔다. 『감시와 처벌』 때문에 클리퍼드 기어츠가 대면하게 되는 것은 "일종의 뒤집힌 휘그주의 역사, 즉 본의 아닌 '비자유' 융성의 역사"[7]이다. 에드워드 톰슨Edward Thompson은 푸코를, "남성들과 여성들이 이데올로기들에 의해 소멸해 버리는 […] 주체결여 구조로서의 역사",[8] 숙명론적 체념에 이르는 역사를 쓰는 사람이라

는 모든 것이라고 생각했다. 이것은 푸코의 유명론적 비판과 일치한다. 그러나 푸코의 비판은 단순히 '보증된 주장 가능성'이 아니라는 점에서는 다르다고 할 수 있다. 왜냐하면 의식은 무엇이 대상에 대한 언급을 규정하는가에 관한 개념을 갖고 있지 않기 때문이다. 실제 푸코의 유명론은 주로 우리 자신이 분류되는 사례에 적용된다. 이런 점에서 둔스 스코투스는 선구자다. 왜냐하면 그는 개인으로서 우리가 자유로운 것은 공통의 본성에 의한 것이 아니라(이런 의미에서 우리 신체는 자유롭다)고 생각하기 때문이다. 그러나 푸코는 우리가 어떻게 '본성'을 획득하느냐는 문제를 역사화하는 것이지, 통일성을 재구축하기 위해 신의 사랑에 의지하는 것은 아니다. 마지막으로 벤느는 이러한 유명론이 내가 푸코의 딜레마라고 부르는 바에 합치된다고 생각하지는 않고 있다. 그가 기술하는 바에 따르면 푸코는 역사를 '탈혁명화한다'. 왜냐하면 "'광인'에 대한 대상화=객관화의 소멸은 우리의 의지에 달린 것이 아니며 심지어는 우리의 혁명적 의지에 달린 것도 아니고 […] '혁명'이라는 말이 단지 열악한 열의만을 의미하지는 않는 그런 규모에서의 실천의 변형을 분명히 전제하고 있기" 때문이다(p. 227). 그러나 혁명은 확실히 전체적이기 때문에 그 규모를 운운하는 것은 기이하게 여겨진다. 혁명보다도 크고 격렬한 변형이라는 신화가 때때로 푸코를 원용하는 추상적이고 상징적인 형식의 '포스트정치적' 또는 '미시정치적' 제스처에 구실을 부여해 왔던 것은 물론이다.

7) Clifford Geertz, in *New York Review of Books*, Jan. 26, 1978.

8) E. P. Tompson, *The Poverty of Theory*(『이론의 빈곤』, 변상출 옮김, 책세상, 2013), New York,

고 혹평한다. 푸코는 우리가 '비자유'와 맺는 자유롭지 않은 관계를 기술하는 역사가라는 것이다.

이러한 오독이 발생하는 이유 중 하나는 아마도 푸코가 관심 가졌던 종류의 자유가 이 저명한 두 저자들이 기대하는 것과 다르기 때문일 것이다. [푸코가 관심 갖는 자유는] 권리를 보호받을 자유도 아니고, 교양 있는 사람들이 악과의 투쟁에 동의할 때 볼 수 있는 선량한 의지의 자유도 아니기 때문이다. 푸코가 생각해 낸 자유 개념은 다른 지적 관점과 역사적 관점에 기초하고 있다.[9)]

푸코는 역사학 분야에 대해 유명론적 이해 혹은 반실재론적 이해를 제시하고 있다고 추정된다. 그는 역사적 현실에 관한 여러 개념, 즉 전통적 서사로부터 발생하는 개념들과 역사 속에서 실현되는 '본질'에 대한 '관념론적' 가정으로부터 발생하는 개념들을 의심했다. 어떠한 사건도 단일한 객관적 질서의 소산이 아니며, 모든 것이 향해야 하는 단일한 목적은 존재하지 않는다고 그는 단언했다. 어떤 종류의 사건, 시대, 원천, 용인된 추론 결과, 양식, 또는 문제들이 역사 속에서 인식되는지의 여부는 한 사회가 늘 관계하고 있는바, 뒤얽힌 다량의 '기록

Monthly Review Press, 1978.

9) 마지막 장에서 나는 푸코에게 잠재돼 있는 자유 개념을 재구축하지만, 그것은 두 가지 원칙에 따른다. (1) 탈인간중심주의화, 즉 우리가 어떤 본성(전통 내에서의 위치 등)을 갖고 있다는 점에서 자유롭다는 것이 아니라, 우리에게 우리의 본성으로서 제시되는 바를 거절하거나 변화시킬 수 있다는 점에서 우리가 자유롭다는 명제. (2) 진짜 자유와 명목상 자유의 대립, 즉 어떠한 형식적 해방 또는 제도화된 해방이라도 그것은 오로지 우리의 '진짜' 자유를 거절하거나 변화시키기 위해서 그 자유를 위험에 노출시키는 보다 거대한 실천 복합체의 일부라는 명제. 유토피아적 사유가 형식적 자유와 실재적 자유가 일치하는 이상적인 경우를 만들어 내려 한다면 '유명론적' 역사는 우리의 유명론적 자유가 사실상 명목적인 것이 되는 그 특수한 방식들을 논증함으로써 우리의 실재적 자유를 증대하려고 한다.

자료'에 부과되는 질서에 의해 규정되며, 그것들의 더 심층적인 토대가 되는 어떤 것을 어떤 독립된 현실 속에서 탐구하는 것은 무익하다.

그러나 유명론은 푸코에게는 방법론적 선택 또는 철학적 선택 이상의 것이었다. 그가 기술하는 역사 자체가 유명론적 역사다. 그것은 사물들의 역사가 아니라, 어떤 종류의 사물들이 어떤 시기에 논의와 절차의 전체적인 배치의 중심을 이루게 될 때 그 매개가 되는 용어, 범주, 그리고 테크닉의 역사이다. 어떤 사물들이 어떻게 '구성되는가'와 같은 철학적 문제에 푸코는 역사적 답변을 내놓는다고 말할 수도 있을 것이다. 그의 답변은 경험, 소통, 혹은 언어의 선험적 조건들과 관련된 것이 아니라, 여기저기 흩어져 있는 사유와 정책의 총체에 공통되는 여러 가설이 어떤 특정한 시기에 출현하는 것과 관련되며, 그의 목적은 어떤 것에 대한 경험을 '근거 짓는' 것이 아니라 그 경험을 자연스럽지 않은 것으로, 낯선 것으로, 그리고 우리와는 거리가 먼 것으로 보는 것, 그러므로 그 경험의 존재 이유를 묻는 것이다.

따라서 푸코가 쓴 것은 광기의 역사, 질병의 역사, 범죄의 역사, 성의 역사가 아니다. 그가 쓴 것은 비정상성이 어떤 종류의 정신병이라거나, 질병이 단지 인체의 기능장애라거나, 감금이 최선인 범죄자적 유형의 인격이 존재한다거나, 혹은 바깥으로 드러나야만 하는 위험한 진리로서의 '성'이라 불리는 어떤 것이 우리 각자 안에 존재한다는 등의 생각이, 어떤 전체적 맥락 속에서 어떻게 당연한 것으로 여겨지게 되었는지에 대한 역사인 것이다. 그는 '유사-대상'의 역사를 썼으며, 사람들이 자기도 걸릴지 모른다는 두려움의 대상이 되는 정신장애라든가, 사람들이 해소해야 한다고 믿는 내적인 성욕 등과 같은 실체의 현실에 대해 사람들이 갖는 그런 판에 박히고 제도화된 자기 확신을 일소하기 위해 역사를 활용한다. 이러한 현실을 문제 삼는다는 의미에서 푸코의 역사는 유명론적이다.

이 탈실재화하는 역사의 보다 일반적인 표적들 중 하나는 주체와 관련된 테크닉, 용어, 그리고 범주로 이루어진 집합체이다. 이 점에서 푸코의 역사는 비트겐슈타인의 반심리주의를 계승하는 만큼이나 포스트데카르트주의 주체철학에 대한 하이데거의 도전을 계승하고 있으며, 아마도 그 둘을 더 철저하게 추진하는 것 같다. 따라서 우리 자신이라는 것, 요컨대 때때로 우리가 실제 우리 자신이라고 당연시하는 전체적이고, 사적이며, 개인적이고, 정신적인 내면적 실체는, 우리 시대의 거대한 실재론적 환상일 수 있다. 푸코는 사람들이 자기 자신을 주체로 인정하기에 이르는 다양한 종류의 사유체계를 검토해 왔다. 『말과 사물』에는 우리 인류가 언어, 생명, 노동에 관해 수행한 연구로부터 비롯된 여러 주체개념에 대한 긴 논의가 있다. 『감시와 처벌』에서 푸코는, 우리의 신체들을 훈육시켜서 개인의 내면적 영혼이 신체에 귀속되는 것을 자연스러워 보이게 만드는 그런 종류의 테크닉들, 그러므로 영혼을 '신체의 감옥'으로 '만들어' 온 테크닉들을 검토한다.

푸코의 유명론적 역사는 유명론자로서의 푸코가 역사에 대해 갖는 견해와도 별개의 것이지만, 역사라는 학문 분야에 대해 그가 가장 일관되게 논의하는 장소, 즉 『지식의 고고학』 서두에서 그가 제기하는 것 역시 이런 유명론적 역사는 아니다. 반대로 그는 자신의 작업을 "역사적 지식의 영역에서 성취되고 있는 토착적인 변환"[10]의 일부분으로 여겨 달라고 호소했다. 20세기 초로 거슬러 올라가 프랑스 역사학의 주요 전개 두 가지를 언급하면, 양자는 각자 독자적인 방식으로 마르크스주의와 연결되어 있는데, 이 둘은 푸코의 스승인 루이 알튀세르에 의해 종합되었다. [그 첫 번째 전개는] 풍부한 과학사의 전통으로, 여기서 영향력 있는 인물은 캉길렘과 바슐라르다. 푸코에게 영향을 미친 이 전통은 계몽시대부터 전승되어 보편적, 객관적, 진보적 이미지를 갖는 통일과학에 도전하려고 노력했다. 그 도전은, 익명의 암묵적 절차들로 특징지어지고 또 균열과 그에 따른 단절을 거쳐 꼬리에 꼬리를 무는, 지식의 '여러 영역'과 '여러 대상'의 환원 불가능한 복수성을, 즉 불연속적인 역사를 발견하려고 시도한다. [두 번째 전개는] 『아날』*Annales*지誌와 동일시되는 '새로운 역사학'인데, '전쟁-협상'battle-treaty 내러티브를 중단시키고, 그 대신 수세기에 걸친 연속성을 재구성한 방대한 사회사를 집어넣으려 하는데, 그것은 결국 상당히 양적인 방식으로 이루어지며, 새로운 연구 분야와 새로운 종류의 출전出典(푸코에 따르면 새로운 종류의 사건)을 개척한다.

역사학의 이 두 주요 전개로부터 단 하나의 '고유한' 변형을 만들어 내기로 결심한 사람은 물론 푸코다. 그는 한 가지 차이는 인정한다. 요컨대 과학사에서 불연속의 첨예화가 끊임없이 심화되어 오는 동안, '새로운 역사학'에서는 기후, 가격변동주기, 인구통계동향 등 보다 장

10) 『지식의 고고학』(이정우 옮김, 민음사, 2000), 우리말역 37쪽. 원서(*L'archéologie du savoir*, Paris, Gallimard, 1969) p. 25.

기적이고 보다 '안정적인' 연속성이 기록되어 왔다. 푸코가 언급하진 않지만, 담론의 상대적 자율성에 대한 태도에는 확실히 또 다른 차이가 있다. 왜냐하면 새로운 역사가들은 담론을, 사회의 전체적인 그림 속에서 이해되는 '사고방식'에 포함시키는 경향이 있었던 반면, 과학사가들은 상당히 자율적이고 내부적인 과학적 담론의 전통을 다룬다. 사실 푸코가 이 두 종류의 역사학 사이에서 발견하는 연결고리는 사회나 지식에 관해 공유되는 이해 속에 있지 않다.

오히려 이 두 역사학이 공유하는 것은 랑케에 의해 장려됐고 대학 내의 역사학과 등장과 동시에 나타났던 19세기적 역사관, 그리고 (발상 면에서는 국가주의적이거나 결국은 사회주의적인) 더 오래된 보편주의적 역사 혹은 철학적 역사의 전통, 이 쌍방으로부터의 이중적 이탈이다. 첫째는 역사적 사건들의 익명성, 혹은 역사적 사건들이, 인간의 행동에 주목하는 아리스토텔레스적 전통과는 다른 방식들로도 이해될 수 있다는 데 대한 공통된 인식이 있다. 둘째는 이야기를 하는 것보다는 문제해결이 더 우선시된다는 것, 그리고 (역시 아리스토텔레스적인) 내러티브의 일관성으로부터 역사적 연속성을 분리하려는 시도가 행해진다.

> 역사는 모든 사회에서, 자발적으로든 조직되었든 간에, 보자성保磁性의 형태들을 언제나 그리고 도처에서 제시하는 기록자료(책들, 텍스트들, 이야기들, 기록들, 활동들, 구조물들, 제도들, 법규들, 기술技術들, 대상들, 관습들)의 물질성의 작업과 사용이다. […] 역사는 그 전통적 형태에서 과거시대의 모뉴망[기념비, 기념물로서 중요한 작업]을 기억에 남도록 하

고, 그것을 도큐망[기록자료]으로 변환하려는 시도다. […] 오늘날 역사는 도큐망을 모뉴망으로 변환하는 일이다….[11]

새로운 역사가들을 지지하며 도큐망document을 모뉴망monument으로 변환하려 할 때, 푸코는 사실상 그들이 유명론자라고 주장하고 있는 것이 아닐까? 푸코가 전통적 역사가들이라 부르는 사람들은, 적어도 전통과 관련해서는 실재론자들이다. 그들이 연구하는 사건들은 그들이 사용하는 사료들에 이미 언급되어 있기 때문이다. 반면 새로운 역사가들에게 전통은 문제다. 전통은, 전통에 기초해 배열되거나 보존되지도 않고, 전통을 전통이라고 언급하지도 않는 '구체적인 기록자료'로부터 재구축되어야 하는 어떤 것이[기 때문이]다. 새로운 역사가들은 결코 전통이라고 언급된 적이 없는 '망각된' 전통을 다룬다. 그러나 그것은 그들이 재구축한 전통에 대해서조차도 그들이 유명론자라는 것을 의미하지는 않는다. 그와는 반대로 예를 들어 브로델은, 지속들durées이 서로 맞물린 체계야말로 근본적인 역사적 실재이며, 그 체계의 관점에서, 전통적 역사가들의 연구하는 표면적 일화를 포함한 다른 모든 것을 이해할 수 있다고 생각했다. 자신이 주창하는 역사 이외의 다른 역사를 불가능하게 하는 역사를 의도했던 것이다. 나는 푸코가 유명론적 역사를 쓴다고 주장함으로써, 푸코의 견해에 따르면 브로델이 상상하는 것과 같은 단일한 역사적 실재는 결코 존재하지 않는다는 점에서 푸코의 작업은 '아날학파'의 시도와는 완전히 다르다고 말

11) 같은 책, 우리말역 26쪽, 원서 pp. 14~15.

하고자 한다.

푸코는 종종 '구조주의자'라는 새로운 역사가들—인간의 극적 사건보다 무의식적 구조를 확인하려고 시도하는 역사가들—중 하나로 여겨지곤 한다. 푸코는 언어적 유사성을 거부하며, 인구통계학적 동향이나 과학적 문제계와 언어의 형식상의 특색 사이에 어떤 형식적 유사성도 존재하지 않는다고 주장한다. 그러나 푸코의 역사는 보다 강한 의미에서 '구조주의적'이지 않다. 심층의 전통을 재구축할 때의 푸코의 역사가 목표로 삼는 바는 그 심층적 전통의 존재 이유 자체를 문제시하는 것이다. 그 점에서 푸코의 입장은 새로운 역사의 수많은 입장에서 벗어나 있는 듯하며, 만일 그가 역사기술에 관한 자신의 견해를 다시 쓴다면, 당연히 그는 자신의 작품을 최신의 사회사와 사상사에 속한 사람들의 작품과 구별하려 할 것이다. 그리고 이 구별은, 내가 유명론적인 네 가지 논증, 또는 반실재론적인 네 가지 수사修辭가 결합된 사용이라고 부르려는 것들을 통해 행해질 것이다. 즉 분산을 통한 논증, 역전을 통한 논증, 일반적으로 행해지는 실천에 대한 비판적 폭로를 통한 논증, 그리고 단일한 계몽을 위한 논증이 그것이다.

1. 분산 : 『지식의 고고학』은 비전통적인 역사가들을, 천년왕국의 희망이나 복음 전도의 희망을 지탱하는 듯한 이 역사에서의 보편적이고 단일한 것을 거절하는 사람들로 제시한다. 그러나 푸코의 역사는, 본질적으로 전체적이라고 여겨지는 것을 '분산'하려 시도한다. 우리의 삶은 전체적이지 않다. 우리에게 속하는 모든 것들이 지시하는 단 한 가지 따위는 존재하지 않기 때문이다. 우리가 '이성'이라 부르는 것, '본

성'이라 부르는 것은 공허한 추상이다. 우리의 모든 학문이 대상으로 삼는 단 한 가지는 존재하지 않으며 모든 학문분과들이 이용하는 단 하나의 논증양식도 존재하지 않기 때문이다. 우리, 우리 지식, 또 우리 세계를 분류하는 단일한 방식은 존재하지 않는다.

따라서 역사 또한 존재하지 않는다. 우리의 모든 역사학이 대상으로 삼는 단일한 것은 존재하지 않는 것이다. 어떤 것에 대해서든, 역사로 쓸 수 없는 것은 아무 것도 없는 것처럼 보인다 할지라도 말이다. 역사학 분야는 통일성 또는 총체성이라는 보편개념으로부터 분열 또는 복수성이라는 보편개념으로 이행한다. 이제 우리는 어떤 것이든 역사를 가질 수 있다고 생각하기 때문에, 모든 것에 대한 하나의 역사만이 있다고 생각하는 것은 받아들이기 힘들어졌다. 특정 대상들은 특정한 시대구분을 필요로 하기도 하지만, 그럼에도 모든 대상을 각각의 시대에 속하게 할 수 있는 그런 역사는 존재하지 않는다. 그러므로 모든 사건의 기저를 이루는, 신의 뜻에 기초한 질서라는 것은 확실히 존재하지 않고, 역사 속에서 실현되는 존재라는 것은, 인간이라는 사회적 존재까지 포함해 아무것도 존재하지 않는다고 생각할 수 있는 충분한 이유가 된다. 간단히 말해서 역사는 어느 곳에나 있지만, 확산, 또는 '분산되어' 존재하는 것이다.

따라서 칼 포퍼와 크게 다르지 않은 방식으로 푸코는, 사회적 전체론이 지식적으로는 공허하고('전체로서의 사회'와 같은 것은 역사적으로 존재하지 않기 때문에), 정치적으로는 위험하다고 생각한다(특정 영역에서의 투쟁은 세계 규범의 변혁에 대한 기대 속에서 '무효화'되어 왔다). 그는 산재되고 분산된 투쟁의 정치전략을 생각해 냈다. 『감시와 처벌』은 어떤 사회적 전체라는 관념 자체가 생겨나게 된, 적어도 하나의 원인에 대한 비판적 분석으로 읽힐 수 있다. 우리 모두가 전면적인 관리사회, 즉 하나의 거대한 '일망감시체제' 속에서 살아가고 있다는 것이 이 책의 주제라고 여겨지는 일도 종종 있지만, 그것은 이 책의 주제가 아니다. 총체적으로 관리되는 합리적 사회라는 유토피아적 이미지는 벤담에게서 쉽게 발견될 수 있고 푸코가 분석하는 공리주의적 개혁안에서 다소간 명백하게 발견된다. 그러나 그러한 사회들의 출현을 분석하는 데 있어서의 핵심은 분명, 우리 사회를 실제로 관리된 전체라고 보는, 실재론적이거나 객관주의적인 환상을 소거하는 것이다. 역으로 푸코가 제시하는 것은 자기 자신의 사회의 전반적인 분석이 아니다. 그래서 그의 책은 전체로서의 사회라는 것과 관련된 선입견에 대한 '분산된' 분석이다.

그럼에도 불구하고 심지어는 비보편주의적이거나 비전체론적인 입장의 역사가들이 제창하는 몇몇 가설에 대해서도 푸코는 이의를 제기하고 있으며, 한때 그는 자신이 진정으로 바라는 바는, "역사가들이 객관적으로 주어진 것으로 여기는 요소들을 '대상화'하는 역사를 쓰는 것"[12]이라 기술한다. 이것은 역전을 위한 방안이다.

2. 역전: 역전의 예는 광기에 관한 푸코의 첫 작품에서 발견되는데, 거기서 그는 예를 들어 정신의학이 아직 출현하지 않았던 사회에서의 마

12) L'Impossible Prison, p. 55. [이는 또한 다음에 수록되어 있다. *DE II*, n° 278, "Table ronde du 20 mai 1978", p. 853. 본서 1장 각주 59 말미를 참조하라. 우리말역, 『푸코 효과』, 132쪽.]

법이나 요술을 이해하기 위해 역사가들이 정신의학의 범주를 이용하고 있다며 비난한다. 그러한 접근방법을 역전시킴으로써 그는 자기 저작의 주요 과제를 설정한다. 요컨대 '정신병'이라는 대상을 구성하는 것이, 우리 사회 속에 여러 지배형식을 가정하고 확립하는 데 어떻게 기여해 왔는지 묻는 것이다. 그의 『성의 역사』 제1권은 역전의 또 다른 예를 보여 준다. 제1권은 성 그 자체라는 것이 본질적으로 존재하는 것은 아니라는 유명론적 명제에서 시작하며, '억압 가설'에 근거한 역사를 역전시킴으로써 논의가 이어진다. 전체성을 상정하는 역사는 성과 그에 대한 억압이 명백하다는 것을 당연하게 받아들이며, 성이 어떤 방식으로 억압되었는지를 명확히 하기 위해 과거를 돌아본다. 푸코는 이 접근방법을 역전시켜, 애초에 성이 대체 어떻게 지식과 실천의 대상으로 '대상화'되었는지, 또 우리가 대체 어떻게, 우리 역사가 사실은 우리를 호도하여 실재한다고 생각하게 만든 그 무엇을 애써 '해방' 시키려는 역설적인 과제에 도달하게 되었는지를 묻고 있다.

그러나 푸코의 역전이 가장 광범위하게 펼쳐지는 사례는 정치의 역사에서 발견된다. 그는 자신이 '주권 이론'이라 부르는, 정치사상에서 수세기에 걸친 전통을 역전시키자고 제안한다. 이렇게 해서 그는 '홉스가 『리바이어던』에서 하려고 했던 것과 [...] 정확히 반대되는'[13] 권력분석을 생각해 낸다. 푸코는 새로운 정치학을 제안하는 대신, 정치학 자체가 어떻게 출현하고 또 어떻게 현재 통용되는 우리 실천들에

---

13) 『사회를 보호해야 한다』, 1976년 1월 14일 강의, 우리말역(김상운 옮김, 난장, 2015) 45쪽, 원서("*Il faut defender la société*", Seuil, 1997) p. 26.

대해 영향력이 있는 척할 수 있었는지를 이해하려고 노력한다. 다종다양한 주체=신민subject들이 어떻게 해서 그들을 통일시키는 주권을 규정하는 정체政體를 만들어 냈는지를 묻는 대신 그는 우리가 어떻게 '실제로 구체적으로' 주체=신민으로 구성되어 왔는지를 묻는다. 요컨대 규율의 경우에는 [우리가 어떻게] 개인들로 구성되어 왔는지, 생명관리 권력의 경우에는, 근대의 정부들이 자신과 적대 관계에 있는 정부의 영토에 대해서만큼이나 이제 자신의 영토에 대해서도 알아야 하는, 기록되고 측정된 변수들과 더불어, [우리가 어떻게] 인구로 구성되어 왔는지를 묻는 것이다. 또 그는, 뛰어난 정치적 능력의 소산일 수 있는 규정되지 않은 어떤 것으로서보다는, 정부가 직접 추구하고 관리해야 하는 정치상의 추상적 실체로서, 삶과 복지(혹은 행복)라는 것이 어떻게 구성되어 왔는지 검토한다. 그의 주장에 따르면 '내치학'police science은 근대국가의 인구에 관한 일급지식 가운데 하나였으며, 마르크스주의에서 사용되는 생산력과 생산관계라는 범주가 이 지식에서 비롯되는 듯하다. 그는 내치학의 여러 범주를 포스트마키아벨리적 논의, 즉 국가이성에 관한, 혹은 합리성에 관한 논의와 결부시켜 분석하는데, 그것은 "국가의 탄생, 역사, 발전, 국가의 권력과 그 남용"[14]에 과도하게

14) 「통치성에 대하여」(On Governmentality), 『푸코 효과』, 「통치성」(133~156쪽) 중 154쪽(*DE II*, n° 239, p. 655), 또는 『안전, 영토, 인구』(오트르망 옮김, 난장, 2011)의 4강. 1978년 2월 1일 강의 중 163쪽(Securité, Territoire, Popullation, Le Seuil, 2004, p. 112). [이 둘은 동일한 강의내용의 이본으로, 앞의 것은 강의 직후 이탈리아나 영미권의 여러 잡지 및 출판물들에 실리는 형태로 먼저 알려졌다. 이 판본의 프랑스어판은 *DE II*, n° 239 "La "gouvernamentalità"(La "gouvernementalité")"에 실려 있다. 한편 "안전, 영토, 인구"라는 제하에 이루어진 13번의 강의 전체에 대한 강의록은 프랑스에서 2004년에 출간되었으며, 편집자들의 개입 때문인지, 둘 간에 약간의 차이가 생겼다. 둘의 차이에 대해서는 각각의 텍스트에 달린 각주를 참조할

주의가 기울여져 왔다는 것을 보여 주기 위해서다. 확실히 국가는 냉혹한 괴물 혹은 착취본위의 생산관계를 재구성하기 위한 장치로 여겨져 왔으며, 그 결과 정치의 주요 과제는 국가를 탈취하여 폐지하는 것이 된다. 푸코는 우리가 이 경향을 역전시킬 필요가 있으며, 국가가 어떻게 우리의 주적으로 구성되기에 이르렀는지를 물어야 한다고 생각한다.

> 그런데 두말할 나위 없이 지금이나 역사적으로나 국가는 이런 단일성, 개체성, 엄밀한 기능성을 지닌 적이 없습니다. 더 나아가 그런 중요성을 지닌 적도 없다고 할 수 있습니다. 결국 국가란 혼성적 현실이나 신화화된 추상에 불과한 것으로, 사람들이 믿고 있는 국가의 중요성은 어쩌면 훨씬 더 왜소할지 모릅니다. 어쩌면 말입니다. 우리의 근대에서, 우리의 현재에서 중요한 것은 사회의 국가화가 아니라 국가의 '통치화' gouvernementalisation라고 부를 만한 것입니다.[15]

수 있다. 인용은 『안전, 영토, 인구』 우리말역에서 취했다.]

15) 『푸코 효과』, 155쪽(*DE II*, p. 656), 또는 『안전, 영토, 인구』, 우리말역 164쪽, 원서 p. 112. 『국가, 권력, 사회주의』에서 풀란차스는 전위당, 재야적 혁명, 또는 개혁, 부르주아 계급의 독재 정권으로서의 민주주의에 대한 레닌주의적 사고방식이 파국을 초래했다고 생각한다. 즉 우리에게 진정한 문제는 국가주권주의이다. 그러나 푸코[의 이론]은 전통적 국가분석을 수정하는 데 유용하다. 왜냐하면 그가 논하는 '권력관계'는 국가로부터 파생하는 것이 아니라 사회 내에 분산되어 있고, 또 "계급관계를 근본적으로 뒤흔드는 것은 아니지만 어떤 방식으로든 그것을 넘어설 수 있기" 때문이다(풀란차스, p. 43). 풀란차스의 생각에 푸코는 이러한 권력관계를 지극히 자율적인 것으로 만들었기 때문에 정치적 해결은 있을 수 없게 되었고, 또 이번에는 이것이 아무런 효력도 없는 허무주의에 이르게 된 것이다. 이러한 비난에 대해 푸코는 다음과 같이 대응할 수 있다. 권력의 테크놀로지가 어떻게 국가관리의 일부를 이루게 되었는지(비록 그 중심적 방법은 인구의 관리를 위한 관계망에 의한 것일지라도)에 대한 일반적 해답은 존재하지 않는다고 말이다. 각 사례에 대해 지역단위의 저항운동 형태와 연결된 역사·정치적 분석이 필요하다. 푸코는 당파나 관료제 등에 대해 명확한 정치전략을 갖고 있지 않는 듯

여러 종류의 정치사는 개인이나 국가, 민족, 인구의 존재를 자명하고 전체적이며 진실된 실체들로 본다. 푸코는 이 자명함을 역전시키려 하며, 이러한 실체들이 어떻게 해서 '실제로 또 구체적으로' 구성되고 대상화되어 왔는지를 문세삼고 있으며, 그것은 어떻게 성性 자체가 구성되고 대상화되어 왔는지를 문제삼음으로써 억압 가설에 대한 가정을 그가 역전시키려는 경우와 대체로 동일한 방식이다. 이 두 경우에서 모두 그 역전은 정치적 결과에 따라 일어나는 역전이며 보다 일반적으로 말해 푸코의 유명론은 일정한 유형의 비판을 의도하고 있는 것이다.

3. 비판 : 과거나 미래에 그 기준을 놓는 비판은 보통 역사적이다. 그렇지만 회고적이거나 예언적인 그런 비판은 푸코의 비판과 달리, 예견하거나 설명하는 역사형식에 의존한다. 푸코의 유명론적 역사에서 과거에 관한 기술記述은 현재를 비판하는 하나의 방법이며, 이 비판은 과거가 여러 방식으로 현재에 영향을 미친다는 가정, 결과적으로는 우리가 인지하지 못하는 방식으로 현재에 영향을 미친다는 가정에 근거한다. 이렇게 해서 『감시와 처벌』은 19세기 이후를 거의 다루지 않음에도 불구하고 '현재의 역사'라고 불린다. 이 정식은 보다 넓게 응용된다. '현재'라는 것은 우리에게는 인식되지 않는 방식으로 과거에 뿌리내리고 있고, 현행의 절차 속에서 구성되고 있는 그 다양한 사물에 관련되며,

---

하지만 그것은 그의 딜레마일 뿐만 아니라 오늘날 정치적 전략들을 정식화하는 데 있어 보다 일반적인 딜레마인 듯하다.

현재의 역사를 쓴다는 것은 이 구성과 그것이 발생시키는 결과들을 폭로하는 것이다. 범죄자적 인격이라는 우리의 범주에 관해 혹은 우리가 행하는 감금의 실천에 관해 푸코가 기술하는 역사에서의 핵심은 따라서 과거를 설명하는 것도 아니고 과거로부터 도덕적 교훈을 배우는 것도 아니다. 푸코는 우리의 상황을, 과거의 상황들로부터 어떤 법칙의 결과처럼 나오거나 아니면 그 직전의 역사적 '국면'에 의해 필연적으로 발생한 것으로 제시하지 않는다. 반대로 그는 우리의 상황을, 역사에 의해 '필연적으로 야기된' 것으로 보기보다는, 낯설고 독특하며 자의적인 것으로 보려고 노력한다.

따라서 푸코의 유명론적 역사는, 현재를 대체하는 다른 가능성들을 발견하기 위해 과거를 연구한다는 점에서 비판적이라고 말할 수 있을 것이다. 하지만 푸코의 역사가 대안 그 자체에 대한 것은 아니다. 그 역사는 이 가능성을 과거 속에서 탐구하지도 않고 미래에 투영하지도 않는다. 여러 대상을 탈실재화하면서 혹은 어떤 결과들 때문에 우리가 그것들을 진짜라고 가정하게 되었는지를 보여 주면서 푸코는, 자신의 역사에서 직접적으로 대안적 가능성들을 미리 결정하는 대신, 그 가능성들에 대한 논의의 장을 열고자 했을 것이다. 그는 우리 현재 관행들의 '현실'이 자의적인 것으로 또는 우발적인 것으로 보이도록 하기 위해 역사를 활용한다. 그것이 그의 비판이다. 따라서 그의 역사는 보편사가 아니라 '특이성을 중시하는' 역사이다.

4. 특이한 계몽 : 푸코는 철학자들이 자신들의 현재를 '계몽하는' 데 사용하는 원칙을 자신이 영속화시킨다고 생각한다. 그것은 '계몽'을, 스

스로 자초한 '미성숙 상태'[16] 로부터의 해방이라고 정의한 1784년의 고전적 논문(「계몽이란 무엇인가」)에서 칸트가 제창한 원칙이다. 하지만 푸코가 우리의 현재를 계몽하려고 시도하는 듯함에도 불구하고, 그가 본래적인 '계몽'의 입장에 선 인물이라고는 말하기 어렵다. 확실히 그는 반'계몽'의 입장을 취하는 현대의 위대한 철학자이자 역사가로 여겨지곤 한다.

보다 정확히 말하면 푸코의 유명론은 계몽주의가 주장하는 보편주의에 정면으로 맞선다. 학문의 보편적 조건들이 '인간' 내부에 갖춰져 있다는, 통일적 학문과 계몽의 동일시를 푸코는 거절한다. 그가 시도하는 것은 모든 학문의 "통일성"이라 일컬어지는 바를 분산시키는 것이며, 또 우리가 '인간'이라 부르는 기묘한 추상적 실체에 어떻게 그처럼 큰 중요성을 부여할 수 있는지를 문제화함으로써, 철학적 인간학이 갖는 가설들을 역전시키는 것이다. 보편주의와는 대조적으로, 그는 우리 지식의 조건들, 무엇보다도 우연적이며 익명적인 규칙성을 발견해낸다. 이처럼 '정신병', 또는 '범죄자적 인격'과 같은 추상적 실체에 관한 학문적 담론의 조건들을 비판한다 해도, 그가 그러한 학문 자체를 거부한다거나 합리적 담론 모두를 비판하는 것은 아니다. 푸코는 또한 범죄자나 광인의 치료교정에 보편주의적이고 인도주의적인 규칙들을 도입하는 것이 도덕적 진보라는, 여러 역사에서 확립된 가설들을 역전시키려고 시도한다. 그는 그 교화계획이 보편적 인간성이라고 부를 수 있는 바의 구성에 실제로 어떻게 기여했는지 묻는다. 또 유사한 방식

16) *DE II*, n° 219, "Introduction par Michel Foucault".

으로, 어떻게 그 계획들이 우리로 하여금 전체적이고 보편적인 사회라는 관념을 갖도록 하는 데 기여했는지 묻는다. 그리고 그는 이 관념을 일련의 다른 여러 실천들로 '분산시키는' 것이다. 따라서 그는 '계몽된' 교정 실천을 비판하지만 인간의 존엄 또는 품위를 둘러싼 모든 논의를 부정하는 것은 아니다. 보편적이라 여겨지는 것을 역전시키고 분산시키고 또 비판하면서 푸코는 현재 본래적인 '계몽'이라 간주되고 있는 것을 공격한다.

그래서 푸코는 지식인에게 부여된 보편주의적 사명에 회의적이다. 계몽을 논한 논문에서 칸트는 보편적으로 계몽된 민중이 정치에 있어서 일종의 양심이 되는 공화제의 비전을 품고 있다. 보편이성 자체 외의 다른 모든 권위들로부터 스스로를 해방시킨 작가들grammaticos이 공적으로 각자의 의견을 교환할 수 있는 정체政體의 비전을 가졌던 것이다. 푸코가 단지, 역사를 '인간'의 진보적인 계몽과 해방이라 여겼던 칸트와 의견을 달리하는 데 그치는 것은 아니다. 그가 단지 우리의 실제 '통치성들'이 고전적인 공화주의와 상당히 거리가 멀다는 점을 발견하는 데 그치는 것은 아니다. 푸코는 보편주의적인 성숙상태 속에, 즉 모든 비합리를 회피할 수 있는 능력 속에 해방이 존재한다고는 생각하지 않는다. 푸코에게 자유란 오히려, 다른 여러가지 것들 중에서도 유독 보편적 인간성과의 연관을 통해 우리를 규정하는 특정 형식의 담론을 대체할 다른 수단을 발견할 수 있는 우리의 능력에 존재한다. 보편적 '이성'이나 '사회' 속에서 계몽을 발견하는 대신, 그는 우리의 지식과 실천이 갖는 특수성과 우연성을 폭로하는 과정에서 계몽을 발견해 낸다.

에드워드 톰슨은 자기가 푸코의 구조주의라고 여기는 바에 이의를 제기하고, 일종의 의지주의를 옹호하고자 한다. '남성들과 여성들'은 어쨌든 자기 자신의 역사를 결정하는 데 책임을 져야 하고, 그렇지 않으면 자신의 역사를 완전히 감내해야 한다는 것이다. 나는 지금까지 푸코를 구조주의자가 아니라 역사적 유명론자로 제시했고, 그는 역사 속에 자유가 존재함을 부정한 것이 아니라, 지식인에 의해 명확화된 어떤 '집단적 의지'에 의한 조직된 계획을 통한 투쟁으로부터만 자유가 발생한다는 사고방식을 부정한다고 주장했다. 사실 자신의 역사를 완전히 제어할 때에야 비로소 자유로워진다는 가설은 특수한 유형의 지적 담론에 속하는 것 같다. 그런 종류의 담론에서는 대중, 민중, 사회라 불리는 어떤 전체적이고 보편적인 것이 실존한다 여겨지고 있고, 또 지식인의 역할은 대중이나 민중 등의 관심을 대표하거나 명확화하고, 그들의 소리나 의식을 명확히 표현하며, 그들의 보다 나은 삶을 유토피아 속에 묘사하여 보여 주고, 또 그들의 주권을 염두에 두고 판단하여, 확신을 갖고 미래를 예견하는 일이라 여겨지고 있다. 푸코의 역사를 절망적으로 보는 것은 이 확신의 또다른 면에 지나지 않는 듯하다. 자유롭지 않은 사회에 대한 절망은, 완전히 자유롭고 합리적인 사회에 대한 확신의 결과일 뿐이다. 양자는 모두 푸코의 유명론적 역사가 실제로 반대하고 있는 그런 종류의 '혁명 담론'의 소산인 것 같다.

포스트혁명의 정치전략

푸코의 유명론적 역사와 혁명에 대한 논의들은 명확히 대비된다. 혁명

담론에서 비판적 분석은 늘 철저하고 전 지구적인 하나의 동일한 변혁이 필요하다고 말하는 반면, 유명론적 역사는 변혁의 계획과는 전혀 관련 없는 비판적 분석이다. 이 양자 간의 차이를 철학의 측면에서, 지식의 측면에서, 또 역사의 측면에서 추적해 볼 수 있을 것이다.

철학의 측면에서 보자면, 유명론자는 자기가 사는 현재의 심층적이고 익명적인 우연성 속에서 자유를 인식하지만, 혁명론자는 새로운 체제에 대한 약속이나 새로운 체제의 필요성 속에서 자유를 인식한다. 요컨대 혁명론자는 역사가 보다 자유로운 상태로 나아간다고 확신하며, 보다 자유로운 상태란 대개 보다 자기의식적이고 자기통제적인 상태, 혹은 자기관리된 상태를 의미한다. 유명론자는 자유를 역사가 실현해야 하는 어떤 것으로 생각하지 않고, 역사가 이제까지 필연적인 것으로 또는 진보적인 것으로 제시해 왔던 것을 해체해 버리겠다고 위협하는 어떤 것으로 생각한다. 따라서 유명론자는 역사에 종말이 없다고 믿는다. 역사의 종말기에는 자유로운 사회를 추구하며 수많은 희생이 치러져 왔지만, 유명론자는 그러한 희생들에 대해 오히려 회의적일 수 있다.

지식의 측면에서 보자면, 유명론자는 자기 시대의 심층적인 역사적 형상이 더 이상 존속되기 어렵도록 하기 위해 그 형상의 우연성을 밝히려고 시도한다. 그렇다고 해서 그가, 그 형상 속에 등장하는 어느 집단을 대표하는 것은 아니다. 왜냐하면 유명론자의 분석은, 실제로 그 어느 집단이라도 이 형상을 변화시키는 행위주체가 될 수는 없다고 상정하기 때문이다. 혁명을 부르짖는 지식인과 달리 그는, 자신의 작업이 어떤 집단이나 계급을 대표한다고 여기지 않으며, 심지어는 더 이상 계급 따위는 존재하지 않는 사회조차 대표하지 않는다고 생각한다.

유명론자와 혁명론자의 견해차는 따라서 대조적인 역사개념에 기인한다. 왜냐하면 유명론자는 역사에서 필연적인 운동이나 총체적인 시대구분을 인정하지 않고, 익명적이고 비의도적인 변화와 같은 종류의 변화에 관심을 갖기 때문이다.

따라서 첫째로 역사의 '원동력'이 될 수 있을 만한 계급투쟁이라든가 인류의 사회적 해방 같은 것은 전혀 존재하지 않는다. 권력의 분산된 형태는 생산관계와 생산력의 모순이라는 마르크스주의의 생각과는 달리 세계사를 추동하는 역할을 담당하지 못한다. 그러나 역으로 생산관계나 생산력이라는 범주도 권력의 분산된 형태 가운데서 비로소 생기는 것이다. 비형식적 지식의 역사조차도 토마스 쿤이 말하는 혁명의 역사는 아니다. 이언 해킹이 지적하듯, 푸코는 "'난입' 등을 논함에도 불구하고' 어떤 전통에 내재하는 변칙들의 축적이라는 관점에서 변화를 설명하지 않는다.[17] 푸코의 역사는 혁신과 전통 간의 '본질적 긴장'을 논하지 않는다. 푸코에게서는 그 무엇도 내적으로 성장하거나 발전하지 않으며, 그 무엇도 그대로 머물거나 지속되지 않는다. 더욱이 이 유명론자는 반反보편주의자이며, 그의 주장에 의하면 한 민족이 그 수행의 운명을 지고 있다고 여겨지는, 완전히 자유로운 사회의 실현이라는 것을 위한 보편사는 결코 존재하지 않는다. 보편사는 존재하지 않으며 완전히 자유로운 사회도 존재하지 않고 한 민족의 운명이라는 것도 존재하지 않는다.

---

17) Ian Hacking, "Foucault's Immature Science," *Noûs*, vol. 13, 1979, p. 79.

왜냐하면 둘째로 사람들을 집단으로 나누거나 분류하는 본질적, 자연적 혹은 불가피한 방법은 역사적으로 보아 전혀 존재하지 않으며, 자연 상태를 이용해 기술할 수 있는 것은 아무것도 없다는 것이, '권력'에 대한 유명론적 분석의 전제이기 때문이다. 우리는 자유롭게 태어나지 않았다. 우리는 언제나 이미 권력의 어떤 구성상태 속에 내던져진 것이다. 따라서 우리가 역사 속에서 탐구해야 할 바는 우리가 분류되고 집단으로 나뉘는 그 방식을 결정하는 익명적인 심층의 구성상태들이다. 요컨대 우리의 '정치 형태' 구성에 관한 심층의 역사를 탐구해야 하는 것이다. 심층 수준에서 우리의 정치 형태를 구성하는 것은 돌이킬 수 없을 정도로 분산된 표층을 갖는 익명적이고 전략적인 구성상태이다. 그 수준에서는 그 어떤 집단도, 계급도 주권을 갖지 못하며 변화의 주역도 될 수 없다. 따라서 자유는 기본적으로, 우리가 누구인지를 발견하거나 결정할 수 있는 데 있는 것이 아니라, 이미 우리를 규정하고 범주화하며 분류하고 있는 방식들에 맞서서 저항하는 데에 있는 것이다.

이런 의미에서 유명론적 역사가는 제창할 만한 지구 규모의 변혁 계획을 가질 수 없으며, 또 그가 그 이해관계를 대표할 수 있는 하나의 전체로서의 민중 또는 사회도 그에게는 없다. 그는 혁명에 대해 말할 수가 없는 것이다.

혁명을 말하는 담론에는 전통적으로, 지구 규모의 역사적 변화를 정치적으로 분석하기 위한 도식이 존재한다. 그 도식에서는 어떤 집단이나 계급에 주권이 부여되고, 지식인은 그들의 이해관계(발언권, 의식)를 대표하고 명확화하며 정당화하거나 한다. '혁명'이라는 말이 처음으로 세속적이고 정치적인 의미를 획득하고, 유토피아가 문학적 중요성 이상의 중요성을 획득했을 때, 프랑스의 유명한 사건들[프랑스대혁명] 속에서 우리가 발견할 수 있는 것은 새로운 시작(혹은 '밝힘')을 자명한 것으로 가정하는 담론이다. 그 새로운 시작에서 모든 것은 정치적 의미를 부여받거나 새로운 주권으로 상징되는 지구 규모의 동일한 역사적 대변혁의 일부로 여겨진다. 프랑스대혁명의 경우에는 민중이 자연상태에서도 존재하는지의 여부를 두고 당시 크게 논쟁이 있었다. 유명론적 양식을 취하는 역사는, 파리코뮌을 거쳐 러시아로, 더 나아가 중국과 쿠바에 이르는 전개 속에서 이런 종류의 담론이 어떻게 취해지고 변용되고 배반되었는지에 대해 쓰여질 수 있을 것이다. 이런 류의 역사를 위한 원칙들을 푸코에게서 발견할 수 있다.

첫째로 푸코의 심층 권력 분석이 기술하는 것은, 바스티유 공격에서부터 나폴레옹에 이르는 프랑스의 이 시기[대혁명기]에 관한 혁명론적 자기해석이 아니다. 『임상의학의 탄생』*Naissance de la Clinique*은 바로 이 시기에 발생했던 의학사에서의 한 '사건'을 분석하고 있으며, 그 '사건'은 그리스 시대의 의학 이래로 가장 급격한 변화를 야기한다. 질병에 대한 완전히 새로운 개념, 질병을 연구하는 새로운 방법들, 의사와 환자 간의 새로운 사회적 관계들, '전체론적' 전통을 대체하여 각 개인의 신체조직 검사를 중심으로 하는 전통의 출현 등을 말이다. 그런데 문제는 이렇게 탄생한 임상의학이, 역사나 이성에 의해 요청된 것이 아니며, 우리는 여전히 또 다른 종류의 의학을 가질 수도 있다는 점이다. 더욱이 푸코의 이후 저작들을 살펴보면 의학이 어느 정도로까지, 권력의 형태 변화에 영향을 끼치는 중요한 초점들 가운데 하나가 되는지 발견할 수 있다. 전염병 관리와 병원제도 개편은 규율·훈육의 도입에 기여하고, 공중위생 정책들은 생명관리권력을 생산해 낸 엄청난 원인들 가운데 하나가 된다. 결국 의학은 현대의 인종차별에서 중요한 역할을 담당하게 된 것이다.

따라서 역사가들은 "혁명의 시대가 기묘하게 말소되고 있다"[18]며 『감시와 처벌』에 불만을 표시했지만, 이 『감시와 처벌』에서 푸코가 명확히 주창한 바는 기어츠를 대단히 감동시킨 반'계몽'의 주제였다. "18세기는 확실히 우리의 자유를 창출했다. 그러나 그 자유에 깊고 견고한 기반을 또한 부여했으니 그것이 바로 규율 사회이며, 우리는 여전히 거기서 비롯되고 있다." 이 말은 『감시와 처벌』 프랑스어판 겉표지에 쓰여 있다.

프랑스혁명기에 법률로 제도화된 갖가지 '권리'는 실제로 규율을 근거로 하는 권력 배치의 일부가 되었다. 푸코가 '규율'이라 부르는 실천의 '관계망'은, 보다 효과적이고 하부지향적이며 규범화하고 개별화한다. 베버Weber가 말하는 그 유명한 '쇠창살'과 유사하긴 해도, 관계망 분석에서 강조되는 것은 그것이 자율적이고 익명적이며 계획에 입각해 있고 또 분산되어 있다는 점이다. "처벌 […] 수단"은 자율적이며, "법 규칙의 단순한 귀결 […] 혹은 사회구조의 지표"가 아니라고 가정된다. 그 처벌 수단들은 오히려 "다른 권력방식의 보다 일반적인 영역에서의 특수성을 지닌 기술"이며, 어떤 계급이나 그것의 이상형과의

---

18) Foucault, *L'Impossible Prison,* p. 11.

관계로 설명될 수 없다.[19] 분산되었으면서도 자율적인 '관계망'은 금지하거나 보호하려는 목적보다는 오히려 질서를 부과할 목적으로, 범죄에 관한 사회학적 지식이나 법률제도를 서서히 종속시키고 자기 영역으로 끌어들인다.

요컨대 혁명의 '시기'가 존속한다고 가정하더라도 푸코가 말하는 권력의 심층 역사에서 이 '시기'의 역할은 규율 및 생명관리권력의 도입을 강화하거나 그것을 은폐하는 일이다.

이 시기의 유산이 우리 시대의 권력 배치를 은폐하거나 모호하게 하는 방식은 둘째로, 철학적이거나 지적인 방식이다. 푸코가 "우리는 정치이론의 측면에서는 아직 왕의 머리를 자르지 못했"[20]다고 주장할 때 그가 말하고자 하는 바는, 민중(즉 우리의 진정한 사회적 본성)이 주권을 장악하는(또는 장악해야 하는) 인물이나 사태를 구성한다는 식의 사고방식을 우리가 여전히 받아들이는 경향이 있다는 것이며, 또 이것이 실제로, 오늘날의 정치전략에서 결정적인 것이 과연 무엇인지를 심층 수준에서 검증해 내지 못하도록 방해해 왔다는 것이다. 따라서 우리의 정치적 사유(또 정치에 관여하는 지식인으로서의 우리의 역할)와, 우리 시대의 기본적인 역사적 · 정치적 현실 사이에는 간극이 있다. 특히

---

19) 『감시와 처벌』, 우리말역 53쪽, 원서 p. 28. 베버에 관해서는 『불가능한 감옥』, p. 48[우리말역(『푸코 효과』) 121쪽, 또는 *DE II*, n° 278, p. 845]을 참조하라. 즉 "'규율 = 훈련'이란 어떤 '이념형'('훈련받은 자'라는 이념형)의 표현이 아니다. 그것은 특정 장소의 목적에 합당한 갖가지 테크닉들의 일반화이며, 상호연결화이다."

20) 우리말역, 『촘스키와 푸코, 인간의 본성을 말하다』, 노엄 촘스키 · 미셸 푸코 지음, 이종인 옮김, 시대의창, 2010, "4장 진리와 권력", 199쪽, 원서(*DE II*, n° 192. "Entretien avec Michel Foucault", pp.140~160), p. 150.

주권 개념이 여전히 중심에 자리하고 있는 혁명본위의 담론과, 익명적 형식을 갖는 권력에 대한 심층분석 사이에는 간극이 있다. 이렇게 해서 우리는 "권력을 정치이론 내부에 가둬두려 하지 않는 권력의 철학"[21]을 지향하기 위해 니체 쪽으로 방향을 돌릴 필요가 있다.

이 철학적 간극을 푸코는 몇 가지 방법으로 메우고 있다. 첫째로 그는, 사실상 완전히 자유로운 비유토피아적nonutopian 사회는 존재하지 않는다고 주장한다. 완전히 자유로운 사회라는 관념 자체는 유토피아적인데, 유명론적 입장에서 유토피아는, 담론이 불러일으키는 효과로 이해되거나 역사에 대한 주지주의적 오해를 긍정하는 것으로 이해될 수 있는 것이다. 푸코와의 논쟁에서 촘스키는 유토피아가 언어 심층의 보편적 구조에 각인되어 있다고 주장한다. 이에 푸코는, 자신이 담론에서 연구하는 '심층구조'는 특수하고 권력에 연루되어 있으며, 바로 그것들을 역사에서 연구해야 한다고 응수한다.

둘째로 여러 '권리'는, 우리의 인간성이나 우리 사회의 진정한 본성이라는 관점에서 실재론적으로 해석되기보다는 오히려, 권리가 그 속에서 모습을 드러내는 권력의 구성상태 관점에서 유명론적으로 해석되어야 한다. 그래서 '시민권'이 규율을 행사하는 권력 내부에 영입되는 반면, '사회권'은 생명관리권력을 둘러싼 투쟁에 연루되게 된다. 푸코의 주장에 의하면, 요구나 노동에 관한 진정한 사회적 '존재론'을 참조하는 유토피아적 언어는, 여러 권리들을 이해하고 또 그 권리들이

21) *DE I*, n° 156, "Entretien sur la prison : le livre et sa méthode", p. 1621, 영역, *Power/Knowledge*, "Prison Talk", p. 53.

"삶의 정치적 관리"에 저항하는 데 얼마나 기여하는지를 이해하는 데는 "별로 중요하지 않다".[22] 요구나 노동과 관련된 각종 관념들은 사실 그 관리에 의해 규정된다. 역사적으로 사회권은, 시민권과 상관관계에 있는 의무를 강제함으로써 보호받을 수 있는 그런 시민권과는 다른 것이다. 그 다름은 사회권이, 혁명이 가져다줄 사회를 지향한다는 데서 기인하는 것이 아니라, '인간'의 본질과 인간의 삶의 본질을 주요한 정치적 표적으로 변환시켜 온 권력의 구성상태 속으로 사회권이 끌어들이는 갖가지 투쟁에 기인한다. 보다 일반적으로 자유는 시민권 또는 사회권의 보장이라는 관점보다 훨씬 기본적인 관점, 즉 시민권과 사회권이 관여하는 실질적인 여러 투쟁의 관점에서 이해되어야 한다. 요컨대 "획득됐든 요청됐든 모든 형태의 자유는, 사람이 가치를 부여하는 모든 권리, 그리고 가장 중요하지 않은 사항을 포함하는 권리조차도 아마 저항 속에서 그들 자신을 고정시킬 마지막 지점을, 즉 자연권보다 더 견고하고 가까운 어떤 지점을 발견하게 되는 것 같다".[23] 혁명이 아니라 저항이다.

셋째로 푸코가 연구해 온 권력의 구성상태는, 알타회담에서의 지정학적 분할 이전부터 있었고, 그보다 오래 살아남아 그 분할의 성격 규정을 돕는다. 이 권력 배치 없이는 '사회주의'도 '자본주의'도 굴러올 수 없었다. 군비를 둘러싼 국제 정치전략도 그 배치의 일부이다. 권력의 구성상태는 민주적 정치 형태와 비민주적 정치 형태 모두와 양립

22) 『성의 역사』 제1권, 우리말역 162쪽, 원서 p. 191.
23) *DE II*, n° 269, "Inutile de se soulever ?", p. 791.

가능하다. 동구와 서구, 중남미와 북미의 서로 다른 정치 체제에 따라 그 배치는 각기 다른 방식으로 채용될 수 있긴 하지만 말이다.

따라서 권력의 구성상태는 현대의 정치전략을 특징짓고 특정 정치체제를 현대적인 것으로 만드는 것일 수 있다. 우리 시대는 아마도, 서로 맞서는 정치적 이데올로기들이 심하게 경합하는 시대는 아닌 듯하다. 반대로 정치적 이데올로기는 점점 더 정치적 테크놀로지 ― 표면에서는 분산되어 있지만 깊은 수준에서 자율적인 테크놀로지 ― 에 의존하고, 모든 정치적 이데올로기가 정치적 테크놀로지 때문에 전면적으로 평가절하당하고 또 정당성을 박탈당하는 시대인 듯하다. 아마도 혁명 담론들에 종지부를 찍은 것이 바로 이 테크놀로지들인 까닭에, 이것들을 역사적으로 분석할 수단을 만들어 내야 하는 것이다.

우리 사회에서 주권이란 무엇인가, 혹은 무엇이어야 하는가를 규정하는 것과는 관계없이, 어떤 경우에도 푸코는 계급들이나 집단들이 결코 행위 주체를 지배·통제할 수 없는 심층의 전략적 배치로서 권력 개념을 도입해 왔다. 권력의 이러한 변화는 "또한 권력기구의 새로운 통제에 의해서건 제도의 새로운 작용이나 파괴에 의해서건 한 번에 결정적으로 이룩될 수 있는 것이 아니다. 그 반대로, 전복의 국지적·우발적 사건은 모두 그것이 놓이는 그물눈 전체에 미치는 효과에 의거하지 않고서는 역사 속에 편입될 수가 없는 것이다."[24)]

그 어떤 우발적 사건도, 관계망도, 역사적으로 필연적이거나 불가역적인 것이 아니며, 모든 우발적 사건과 관계망에는 실제적이고

---

24) 『감시와 처벌』, 우리말역 58~59쪽, 원서 p. 32.

도 잠재적인 봉기와 저항이 늘 존재한다. 만약 그 어떤 특정한 경우에도 권력이 필연적인 것이거나 확신할 수 있는 것이 아니라면, 권력은 갑작스럽게 변할 수 있는 것도 아니고 최종적으로 소거될 수 있는 것도 아니다. 따라서 투쟁은 모든 것—신체, 관습, 법률, 언어, 도덕, 예술 등—속에서 매 순간순간 계속된다. 유명론적 역사란 이런 싸움, 그 싸움의 심층 전략, 그 싸움을 상호 연결시키는 전쟁에 대한 역사이다. 그것은 전통이나 진보의 역사가 아니다. 왜냐하면 사실 그것은 '전투의 위험들'을 알고 있을 뿐이기 때문이다. 푸코는 클라우제비츠의 정식을 역전시켜서 여러 정치전략을, 다른 수단에 의해 계속되는 전투로 볼 것을 제안한다. "총력전[전쟁]이 그 자체의 모순들 속에서 소진되어, 결국 폭력을 포기하고 시민법에 복속됨으로써 끝난다고 하는 믿음은 오류인 것이다. 그 반대로 […] 인간성은 자기의 폭력수단들 각각을 규칙들의 체계로 승격시키며, 따라서 지배로부터 [또 다른] 지배에로 진행한다."[25] 우리가 역사를 필요로 하는 것은 우리 현대의 정치적 투쟁을 분석하기 위해서이지, 혁명의 약속들을 상기하기 위해서가 아니다. 왜냐하면 모든 지배에 종지부를 찍을 전쟁 따위는 존재하지 않

---

25) *DE I*, n° 84, "Nietzsche, la généalogie, l'histoire"(「니체, 계보학, 역사」), p. 1013. 『미셸 푸코의 문학비평』, 343쪽. 다음을 참조하라. 『사회를 보호해야 한다』, 1976년 1월 7일 강의, 우리말역 34~35쪽, 원서 pp. 16~17. "칼 폰 클라우제비츠(Carl von Clausewitz)의 명제를 뒤집어 정치란 다른 수단에 의해 계속되는 전쟁이라고 말할 수 있을 것입니다. 이것은 세 가지를 의미할 것입니다. […] (1) 정치란 전쟁에서 드러난 힘의 불균형을 승인하는 것이자 갱신하는 것입니다. […] (2) 이 '시민평화'의 내부에서 정치투쟁[…] [등은] 전쟁의 계속으로 해석되어야만 할 것입니다. […] (3) 최종 결정은 전쟁에서, 즉 무기가 최후의 판관이 되는 힘겨루기에서 나올 수밖에 없다는 것입니다. […] 최후의 전투가, 지속된 전쟁으로서의 권력 행사를, 최후에, 최후에만 정지시킬 수 있다는 것입니다."

기 때문이다. '혁명'이란 것은 없다.

피에르의 해방

푸코는 『성의 역사』 제1권 말미에서 어떤 아이러니에 대해 말한다. 즉 좌우지간 쟁점이 되는 것은 우리의 해방이라고 믿게끔 유도되어 왔다는 사실을 말이다. 그의 역사 속에서 기술되고 있는 이 아이러니에 필적하는 것이 그의 역사가 갖는 아이러니이다. 즉 지식의 측면에서는 마르크스에 입각해 있고 좌파 정치문화에서 환영받았던 그의 심층적 역사분석이, 결국에는 해방과 혁명의 담론 자체를 비판적으로 분석해야 했다는 것이다.

1973년 푸코는 1836년의 『공중위생 및 법의학 연보』*Annales d'hygiène publique et de médicine légale*에 실린 섬뜩한 사건들 중 하나를 재출판했다. 간신히 읽고 쓸 줄 아는 정도의 시골뜨기 소년에 의한 『수기』*Mémoire*의 단편이 몇 개 게재되어 있는데, 거기서 소년은 프랑스 벽촌에 사는 자신의 어머니, 누이, 남동생의 살해를 계획하고, 그들을 살해한 것에 대해 상세히 이야기한다. 『나, 피에르 리비에르』*Moi, Pierre Riviere*라는 제목의 그 『수기』에는, 그 소년이 범죄자인지 광인인지 논쟁하면서 목격자들을 찾는 다양한 권위자들이 벌이는 대립적이고 모순적인 논의와 더불어, 푸코와 한 조의 프랑스 사회사가들이 달아 놓은 논평도 실려 있다. 회고적으로 보면 이 작업 전체를, 푸코의 역사적 기획에 관한 특이하고 복잡한 알레고리로 읽을 수 있을 것이다.

푸코의 많은 저작들 가운데 이 책이 출간된 시기는 지식의 역사에

크게 공헌한 1966년 『말과 사물』과 사회사에 크게 공헌한 1975년 『감시와 처벌』 사이에 해당한다. 두 가지 경우 모두 그 공헌은 역사기술에 관해 진행 중인 고찰에 속하며, 내가 유명론적 권력분석이라 부르는 것으로 이어진다. 그러므로 이 작업은, 푸코가 우리의 성 해방 담론이 갖는 아이러니를 간파하게 해주는 원칙들을 정식화하던 동안에 발간된 것이다.

『나, 피에르 리비에르』는, 역사는 엘리트보다는 학대받는 사람들을 연구한다는 좌파 일반의 주장을 표명하고 있지만, 다른 한편으로는 푸코 자신의 관심사를 예증한다. 이 작업은 역사적 작업이기도 하지만 또 그만큼 역사기록학적인 작업이기도 하다. 여기엔 논의의 대상이 되는 원자료原資料 자체도 수록되어 있다. 원자료가 이용되는 것은 이 케이스에서의 사실들을 확증하기 위해서가 아니라, 그것들을 하나의 케이스로 만드는 것이 정확히 무엇인지를 결정하기 위해서이다. 이 자료는 프랑스 사회에서 일어나는 범죄의 성질에 관한 일반적 가설을 뒷받침하는 것이 아니라, 범죄를 취급하는 담론에 대한, 보다 정확히 말하면, '범죄적 광기'와 같은 추상적 실체를 구성하는 심층의 배치에 관한 일반적 가설을 뒷받침한다. 요컨대 그 자료들은 유명론적 역사를 위해 사용되는 것이다. 푸코가 언급하는 권력이나 정치전략은 전문가들의 권력이 아니라, 그들의 담론이 행사하는 권력이다.

푸코가 이 『수기』를 삐딱한 방식으로 다룰 수 있는 것도 이 유명론적 접근법 덕이다. 그는 이 『수기』를 사회학적 증거 가운데 하나, 혹은 정치적 불의의 한 사례로 다루지 않는다. 그저 '순전한 놀라움'을 일으키는 그런 종류의 보기 드문 '아름다움' 때문에, 또 '착란이 갖는 기묘한 힘' 때문에 파운드 포엠[26]의 일종으로 읽혀야 하는 것으로 취급하고 있다. 이 놀라운 아름다움이나 착란적 힘의 일부는 확실히 피에르의 쓰는 행위에 있다. 살인이나 그에 대한 처벌이 없었다면 리비에르의 비망록은 동일한 쓰는 행위로 구성되지 않았을 것이고 하나의 케이스가 되지도 못했으리라고 푸코는 지적한다. 이 기묘한 아름다움은, 쓰는 행위를 발생시키는 기묘한 전통, 즉 범죄학상의 논쟁에서 부분적으로 기인한다. 그 케이스를 올바로 '읽기' 위해서는 해석학과는 완전히 다른 여러 원칙들을 채용해야 한다. "이러한 재료가 현존하고 그것이 정합성을 갖는 법칙은 작품의 법칙도 텍스트의 법칙도 아니기 때문에, 이를 연구하려면 텍스트 분석의 학문적인 낡은 방법을 배제하고 에크리튀르가 갖는 단조롭고 교과서적인 위광에서 파생하는 일체의 관념을 배격하지 않으면 안 된다."[27]

여기에 아이러니가 있다. 즉 완전히 잊힌, 문맹이나 다름없는 미친 살인자의 글이 놀라운 저작으로 판명되고, 역사가 그에게 부여하기를 거부했던 듯한 영광을, 그 저자가 최종적으로 획득할 수 있게 한 것이다. 푸코가 그의 저작을 재출판하자 피에르 리비에르는 영화 주인공이 되었고, 그 영화는 좌파 정치문화에서 호평을 얻는다.

정작 자신은 아무 것도 예상치 못했겠지만 피에르 리비에르는 케이스도 되고 저자도 된 것이다. 푸코는 그의 실제 범죄가 그리 특별하지 않다는(오히려 평범한 축에 속한다는) 사실, 그리고 그가 그닥 영향력

---

26) [옮긴이] found poem, 문학적 의도 없이 쓰여진 것이 문학적 아름다움을 획득한 작품. 초현실주의 용어 '파운드 오브젝트'(found object)에서 유래.

27) 『나, 피에르 리비에르』, 우리말역, 11~12쪽, 원서 p. 13.

있는 인물도 아니었거니와 잘 알려진 인물도 아니었다는 사실을 강조한다. 실은 바로 그 하찮음과 인기 없음이 푸코의 논의에서 중요하다. 왜냐하면 그것이 그의 케이스를 조사했던 미친 행정 기계를 백일하에 드러내어 조소하는 데 도움이 되기 때문이다. 이런 의미에서 피에르는 푸코가 나중에 '불명예스러운 사람들'les hommes infâmes이라 부르는 자들, 즉 경찰이나 행정 자료들에 기록된 것 이상으로는 아무것도 알려져 있지 않은 실제 악당들과 비슷하다. 잘 알려진 이름난 영웅적 범죄자들과 달리 이런 사람들의 삶은 유명론적 역사에 꼭 들어맞는다. 왜냐하면 그들의 삶은 그것을 제거하기 위해 만들어진 왕의 봉인영장과 같은 자료들을 통해, 그야말로 '구성'되어 있기 때문이다. 따라서 피에르가 사후에 저자로서 이름을 날리게 된 것은 아이러니하다.

그렇다면 이 케이스의 취지를 읽는 두 방식이 있을 것이다. (1) 한 세기 이상을 거슬러 올라가 너무나 하찮은 시골뜨기 소년의 비참한 삶에서 범죄적 광기의 흔적을 추적할 정도로 우리[서구] 문화가 범죄적 광기에 사로잡혀 있다니 믿을 수 없을 만큼 놀랍다. (2) 이 희귀하고 아름다운 저작이 오직 범죄학적 질문을 통해서만 우리에게 다가올 수 있었다는 것이 기이하다. 첫 번째 독서 방식에서 푸코는, 우리[서구] 문화가 피에르의 저작과 같은 작품들에서 기이한 아름다움을 발견한다는 것이 골치 아픈 일일 수 있고, 또 바로 그렇기 때문에 분석이 필요하다는 점에 주목하는 듯하다. 두 번째 독서 방식에서는, 이 저작이 실제로 기이한 아름다움을 지니고 있으며, 더욱이 유행에 뒤떨어진 우리[서구]의 문학 중심 문화가 지금껏 억압해 온 아르토나 사드 같은 영웅들을 포함하는 하나의 대항전통에 속하고 있다는 점에 주목하는 듯하다.

요컨대 문제는 다음과 같다. 케이스로서의 피에르가 어떤 문화에 속하는지 명백하다면, 저자로서의 피에르는 어떤 정치적 문화에 속하는 것일까?

사실 피에르 리비에르 케이스는 푸코의 유명론적 권력분석을 훌륭히 예증한다. 푸코의 주장에 따르면 리비에르의 『수기』는, "각기 그 기원, 형식, 구성, 그리고 기능을 달리하는 여러 가지 담론이 교차하는" 사건으로 볼 수 있으며, 이 저작은 "담론들 간의 전투와 담론을 통한 전투"에 판을 깔아 주었다.[28] 또 그것은 "권력의 수준 아래에서 […] 지배자 없는 역사"[29]의 일부가 되었다. 기원, 형식, 구성, 기능 면에서의 다양성 또는 분산은, 그 싸움의 발생이 의도되지는 않았지만 자유로운 것이었음을 증명한다. 피에르가 미쳤을 가능성을 둘러싼 논의에서 책임과 자유의지의 문제가 제기되긴 하지만 누구도, 또 그 무엇도 그 사건 자체에 책임이 있지는 않다.

따라서 이 『수기』는 아리스토텔레스적이지 않은 의미에서의 '사건'이다. 그것은 영웅적인 등장인물의 위대한 행위들과 장광설을 엮어서 일정 유형의 운명으로 직조해 내는 플롯diegesis의 극 전개가 아니다. 그것은 다양한 담론들 간의 특이한 충돌이며, 영웅이나 악한, 운명이 등장하지 않는 이야기, 즉 무대 없는 투쟁이다. 사건에 수반되는 권력은 등장인물들이 가진 권력이 아니라 인물들을 묘사하기 위해 고안된 담론이 갖는 권력이다.

---

28) 같은 책, 우리말역 10쪽, 원서 p. 12.
29) 같은 책, 우리말역 389쪽, 원서 p. 270.

『감시와 처벌』에서 알 수 있듯이 '싸움'은 보다 큰 전투, 즉 심층의 전략적 배치의 일부이며, 그 배치의 표층은 프랑스의 상이한 여러 제도들에 온통 분산되어 있다. 그 싸움의 목적은 사회에서 감금의 전체 체계의 토대와 전체적인 '권력의 장'의 토대를 이루는 '범죄적 인격'을 구성해 내는 것이었다. 따라서 그것은 여러 제도들에 분산된, 시시한 것에 대해서는 의심하지 않는 지역 기술관료들[검사, 판사, 의사 등]이 벌이는 비영웅적 전쟁이며, 그들의 기획은 어느 한 집단의 이해나 의도 때문이라고 말할 수 없는 하나의 전략적 패턴으로 전락한다. 그 싸움은 사람들을 통치가능하게 하는 방식으로 분류한다는 점에서, 하나의 '정치적' 배치이다. 규율이란 마치 열병식에서처럼 규율화되고 개별화되어 관리 가능한 여러 집단으로 사람들을 구분하기 위한 '심층' 전략을 구성하는 다양한 테크닉들이다. 『감시와 처벌』은 이런 종류의 전투가 다른 전투들에 대해 승리한 이야기이다.

> 결국 권력을 행사하는 사람들의 광채에 의해 모습을 드러내는 권력 대신에 권력이 적용되는 대상을 교묘한 방식으로 대상화=객관화하는 그러한 권력이 들어선 것이다. 군주권의 호사스러운 표상들을 과시하기보다 오히려 권력이 적용되는 대상에 대한 지식을 만들어 놓는다.[30)]

이렇게 가장 근본적인 사례에서 권력은, 각종 형식의 통치나 지배층 엘리트들에게서 발견되는 것이 아니라, 비정치적인 활동들이 갖는

30) 『감시와 처벌』, 우리말역 338쪽, 원서 p. 222.

하나의 역설적인 심층적 특질인 것이다. 왜냐하면 여러 사회에 대한 통치권력은, '권력은 언제나 아래로부터 온다'와 같이 사회 내부의 심층 권력에 늘 의존하고 있기 때문이다.

따라서 문화 또는 예술에서의 '정치전략'은, 입장이나 태도에도 있지 않고, 통치에 대한 의존에도 있지 않다. 하나의 저작에 대한 근본적인 '정치적' 문제는 그 저작이, 어떤 정치적 관점을 체현하거나 명확화하고 있느냐의 문제도 아니고, 전체로서의 사회에 대해 어떤 관점을 제안하거나 상정하고 있는지의 문제도 아니며, 모든 정치적 논의를 초월하여 어떤 '미학적' 특징을 전달하고 있는지의 문제도 아니다. 그것은 오히려 저작의 주제상에서의 도전뿐 아니라 형식상에서나 '상호텍스트성'상에서의 도전에 관해 작품이 지지하는 권력의 '심층적 배치'에 대한 문제이다. 따라서 푸코는 형식 자체가 문제시되는 저작들이 정치적이라고 여긴다. 그 입장은 그러한 작품들이 수용과 생산의 조건에 도전한다는 브레히트의 생각에 가깝다. 특히 푸코는 단장들이나 자동기술과 같은 작업들을 지지하는데, 전자는 유기적 통일성의 원칙에 이의를 제기하고, 후자는 저자의 의도라는 원칙에 이의를 제기하기 때문이다. 양자 모두 인본주의적 정치전략의 '심층적' 원칙들에 이의를 제기하는 것이다.

처음에 푸코는 주로 상위 전위파 문화의 정치전략이 무엇인지 검증했다. 그러나 사회사에서의 심층적 권력 배치가 무엇인지 확인하려 시도했을 때, '문화적'인 것의 경계는 흐려지고 범죄소설과 같은 작품들이 논의되었다. 어떤 문화 속에서 정치적이라는 것은 이제, 그러한 문화에 대해서 정치적이라는 것이 아니다. 이렇게 해서 '내재화의 정치전략'(리비에르 케이스에서 범죄의 심리학화로 생각되는 정치전략처럼)이 현대의 문화적 산물의 여러 측면에 걸쳐 확산된다고 주장할 수도 있을 것이다. 예술은 내적 발견 또는 내적 검토의 한 형식이라는 미학적 원칙, 예술이 사용하거나 도입하는 자기 점검의 실질적 테크닉들, 우리의 내적 비밀은 성적 이상異常, 범죄, 광기, 폭력 등에 대한 욕망이어야 한다는 예술의식으로 파급되고 있는 것이다. 이 원칙에 따르는 작품, 이러한 테크닉을 갖거나 이 예술의식을 유발시키는 작품은 리비에르 케이스에서와 마찬가지로 심층적 배치, '내적 인격'의 범주를 구성하는 것과 동일한 심층적 배치에 속하는 것이다. 따라서 우리의 추측에 의하면 리비에르가 자신의 존속범죄에 대해 단편적으로 진술한 수기의 '아름다움'은, 그의 수기가 우리 내부에서 은밀히 계속되는 우리의 상상과 관련된 '객관적 상관물'을 제공한다는 데 있으며, 또 애초에 그 케이스에 대한 조사를 야기했던 것과 동일한 '심층의 정치전략'이 그의 수기에 포함되어 있다는 데 있다. 요컨대 저자로서의 피에르와 케이스로서의 피에르는 결국 동일한 문화의 일부일 것이다.

아무튼 이것이 푸코의 딜레마가 갖는 아이러니이다. 카리스마적이거나 관료주의적인 권위도 없고, 저자로서의 입장도, 정책을 위한 근거도 없이 실용주의적이지도, 혁명적이지도 않은 지식인의 입장에 특유한 아이러니이다. 그것은 철저한 자유의 입장이다. 푸코는 자신이, 악명 높은 피에르 리비에르와 크게 다르지 않은 방식으로 쫓기고 있다고 상상하는데, 그것은 그가 이런 입장에 서 있기 때문이다. 1968년 이후 그는 이렇게 말했다.

내가 누군지 묻지도 말고, 내게 동일자로 남아 있으라고 요구하지도 말라. 그것은 우리의 공문서를 지배하는 신분증명서와 관련된 도덕일 뿐이다. 적어도 글을 쓰고 있을 때는 우리를 자유롭게 내버려 두시라.[31)]

31) 『지식의 고고학』, 우리말역 41쪽, 원서 p. 28.

III. 비판의 변형

비판적 투쟁

푸코는 자신의 유명론적 역사를 전후시대의 대단히 독특한 형식을 가진 특수한 종류의 투쟁 쪽으로 유도한다. 그가 언급하는 투쟁들은, 경제정세와 정치제도에 따라 그 조직형태에 차이가 있기는 해도, 몇 가지 공통점을 갖고 있다. 즉 이 투쟁들은 권력이 민중의 삶과 신체에 미치는 직접적 혹은 구체적 영향에 관심을 갖는다는 점, 이 투쟁들은 인식되거나 분석된 적 없는 지배의 다양한 작용을 끌어들인다는 점, 그 투쟁들은 구세대 좌파 특유의 사고방식인, 먼 장래의 사회적 해방을 위한 것이 아니라는 점, 이 투쟁들은 허위정보나 기만뿐 아니라 지식 그 자체의 형식들과 지식이 누리는 특권들을 끌어들인다는 점, 그 투쟁들의 주요 논점이 주체성이라는 점[1)]등이다.

---

1) 다음을 참조하라. *Michel Foucault: Beyond Structuralism and Hermeneutics*, Dreyfus, Rabinow, Chicago, 1983, "Subject and Power", pp. 211~212. (『미셸 푸코: 구조주의와 해석학을 넘어서』, 서우석 옮김, 나남, 1989, 「주체와 권력」, 301~302쪽)[*DE*에도 번역 수록되어 있다. *DE II*, n° 306, "Le sujet et le pouvoir"(「주체와 권력」), pp. 1045~1046.] 푸코는 자신의 연구

적어도 독일과 프랑스에서는 '이론' 또는 철학이, 영어권 국가들에서의 주류인 분석철학이 하지 않는 방식으로, 이러한 투쟁들 속에서 하나의 역할을 담당했다. 이 투쟁들 속에서 철학이 이용되었고, 또 철학의 전통에 문제를 제기하는 데 그 투쟁들이 이용되었다. 이러한 철학을 표현하기 위해 '비판'이라는 용어가 보통 쓰이고 있다. 민중의 삶 속에서 인식되지 않은 채로 작동하는 권력을 폭로하는 것을 '비판'이라 이름 붙인다면, 푸코는 확실히 비판에 참여했고, 결국 비판적 이론가였다.

그러나 이 투쟁들에서 푸코가 사유를 활용하는 방식이 독특하듯, 그가 행하는 비판도 독특하다. 그의 비판은, 서로를 적대시하는 여러 '입장'과 '노선'에 몰두하는 좌파와는 어느 정도 거리를 두고 있다. 왜냐하면 그의 사유나 이론이 담당하는 역할은 정당화가 아니라 분석이기 때문이다. 그는 정치노선을 제시하려는 것이 아니다. 어떤 경험들을 둘러싸고 정치적 투쟁들이 구체화될 때, 그 경험들을 재고해 보려는 것이다. 그는 투쟁과 더불어 글을 쓰기보다는 투쟁이 문제로서 구성하는 바에 대해 글을 쓴다. 그의 '이론'은 구체적인 역사적 상황에서 겪게 되는 경험의 문제화에 대한 분석을 향하고 있으며, 국가와 경제에

와 프랑크푸르트학파의 시도를 구별하는데, 프랑크푸르트학파의 시도는 "우리의 근대문화에 특유하다고 생각되는 또 계몽시대에서 기원을 갖는 합리주의의 탐구"이지만, 푸코의 탐구방향은 "합리화와 권력 간의 연관을 탐구하는 또다른 방법을 시사하려고 한다". 다음 장에서 나는 푸코의 '합리화' 분석이 어떤 이유로 계몽의 변증법의 새로운 형태가 아닌가를 논하는데, 이번 장에서는 그 분석이 어떻게 다른 종류의 비판 이론을 함축하고 있는가를 논한다. 이 상이성에 대한 더욱 상세한 언급은 『불가능한 감옥』, 특히 p. 318 이하(*DE II*, n° 279, "Postface", pp. 855~856)를 참조할 것.

관한 일반적이거나 추상적인 비판의 형태를 취하지는 않는다.

푸코가 '비판'이라는 말을 사용하거나 '비판적 이론가'를 자칭하는 일이 거의 없는 까닭은, 부분적으로는 그의 비판이 소외, 기만, 억압 같은 친숙한 말을 사용하지 않는 새로운 특정 전문 영역에 대한 것이기 때문이다. 이데올로기 비판이나 억압 비판과 관련된 보다 전통적인 이론의 특질은 다른 방식으로, 주로 프랑크푸르트학파와 하버마스에 의해 철학적으로 발전되어 왔다.

다음 장에서 보게 되겠지만, 칸트적 인간중심주의에 대한 푸코의 이의제기는 하버마스가 지지하는 것과는 상당히 다른 철학적 견해로 이어진다. 그러나 이 철학적 차이가 더욱 구체화되는 것은 푸코의 기념비적인 미완의 책, 『성의 역사』에서이다. 이 저작에는 하버마스가 철학적으로 친숙하게 만들려고 거들어 온 비판 이론과는 다른 비판 이론의 사고방식이 포함되어 있다.

부브너Bubner는 하버마스의 작업에 헤겔식 비판과 칸트식 비판이라는 두 다른 형식의 비판 사이에 수미일관성이 없다고까지 할 수는 없어도 그 둘의 연결이 어색하다는 것을 알아차린다.[2] 칸트식 비판과 헤겔식 비판은 모두 푸코가 이의를 제기하고자 하는 당대의 철학적 휴머니즘을 전제로 한다. 푸코는 우리 인간 본성에 관한 그 어떤 근본적 가정도 부정하며, 인류의 자기 실현으로서 역사라는 사변적 주제를 거절하는 것이다. 그런 까닭에 우리는 푸코에게서 마르크스의 '재구축'

---

2) Rüdiger Bubner, "Harbermas' Concept of Critical Theory" in *Harbermas: Critical Debates,* Thompson and Held, eds. (Cambridge: M.I.T. press, 1982), pp. 42~57.

도, '해방 가능성'에 대한 공산당의 논의도, 사회주의적 유토피아도, 합리적 사회에 대한 꿈도 발견하지 못한다. 푸코는 『말과 사물』에서 자신이 "변증법과 인간중심주의가 뒤섞인 약속"[3]이라 부른 것을 한켠에 치워 놓고, 다른 종류의 '비판 이론'을 고안해 내고자 한다. 그 이론은 합리적 사회의 실현을 목표로 삼지 않는다는 점에서 헤겔적이지 않으며, 규범적이거나 보편주의적이지 않다는 점에서는 칸트적이지 않다.

취임 기념강연에서 하버마스가 논하길, 이제껏 철학은 관조적이었고 이론은 전통적이었는데, 왜냐하면 철학은 자기 이상을 실현할 그 어떤 수단도 마련할 수 없었기 때문이라는 것이다. 비판 이론은 전통 철학이 단순히 '기대하는' 정도에 그치는 것을 실현하려고 시도한다. 전통 철학이 빠지는 이러한 교착상태에 대한 해결책은 그 철학의 이상을 재해석하는 것, 한 사회의 역사 속에서 형성된 기대로 재해석하는 일이다. 따라서 '비판 이론'으로 재구축되는 마르크스주의는 보편적 계몽상태를 실현하기 위한 실천이며, 정신분석학은 진정한 자율성을 실현하기 위한 이론이다. 하버마스는 인간 소통의 본성 자체에서 철학이 기대해 온 이상을, 인류가 그것을 수용할 수 있도록 비판 이론이 책임지고 도와야 하는 그 이상을 본다.[4] 따라서 비판 이론은 이러한 '실

---

3) 『말과 사물』, 우리말역 366쪽, 원서 p. 275.

4) "애초부터 철학은 언어구조와 더불어 상정된 성숙(Mündigkeit, 자율성 및 책임)을, 기대된 것일 뿐만 아니라 실재적인 것으로 간주해 왔다. […] 반복되는 대화의 시도를 망가뜨리고 속박 없는 소통으로 가는 길을 주기적으로 폐쇄하는 폭력의 흔적을, 철학이 역사의 변증법적 과정 가운데서 발견하는 경우에만, 철학은 성숙성으로 향하는 인류의 진보라는 과정을 촉진한다. 그 외의 경우 철학은 그 과정의 유예를 정당화한다." *Jüraen Habermas, Knowledge and Human Interests*, Boston: Beacon, 1971, pp. 314~315. [우리말로는 『인식과 관심』(강영계 옮김, 고려원, 1996)이 있으나, 해당 부분은 실려 있지 않다.] 푸코, 「진리와 권력」, 『촘스

천적 의도'를 갖는다.

비판적 투쟁 속에서 푸코가 이론을 활용하는 방식은 일반적 모델에 합치되지 않는다. 하버마스는, 철학이 이상을 명확히 기술해 왔고 비판 이론은 그 이상을 실천적인 것으로 만들어야 한다는 가설로부터 출발한다. 푸코가 출발점으로 삼는 가설은, 이상이나 규범이 언제나 이미 '실천적'이라는 것이며, 비판의 핵심은 이 규범들이 실제로 나타나는 실천을, 게다가 특정 종류의 경험을 규정하는 그 실천을 분석하는 일이라는 것이다. 규범들은 이미 어떤 복합체를 구성하고 있는 요소여서 실천을 필요로 하지 않는데, 그것을 드러내는 것이 비판적 사유의 책무이다. 이처럼 이론이 곧 실천이라고 가정함으로써 푸코는 관념적/유물적, 구성적/규정적이라는 구별에서 발견되는, 이론에서 실천으로 이어진다는 전통적 연관관계를 변화시킨다.

그가 생각하는 비판의 핵심 쟁점은 소통에 관한 여러 철학적 이상의 정당화나 실현이 아니라, 특수하지만 익명적인 권력의 배치 가운데서 사람들이 자기 역할을 수행할 때의 자발성 혹은 비자발성이다. 그의 사고방식에서 비판이라는 것은 민중이 이러한 권력 배치에 참여할

키와 푸코, 인간의 본성을 말하다』, 191쪽의 다음 문장과 비교하라. "모순을 해결하려는 논리인 변증법이나 의사소통의 구조를 설명하는 기호학은 투쟁에 대한 본질적인 이해를 제공해 주지 못합니다. '변증법'은 헤겔의 정반합을 내세워 투쟁의 개방적이고 위험한 현실을 회피하려는 방법이고, '기호학'은 투쟁의 폭력적 · 유혈적 · 치명적인 특성을 랑그와 파롤이라는 평온한 플라톤적 형태로 축소하는 방법입니다." 성숙(Mündigkeit)의 중심적 의미는 성인 자격을 부여받고 후견으로부터 독립된 상태다. 예를 들어 칸트의 주장에 따르면 여성은 법정에서 자신의 남편을 변호할 때 어느 정도 über-mündig[성숙함을 넘어선다]할 수 있다 하더라도 늘 unmündig(후견의 보호와 더불어 있는, 즉 독립한 자로서 말할 수 있는 권능을 갖지 못한)하듯이 말이다. 칸트, 『실용적 관점에서 본 인간학』(이남원 옮김, 울산대학교출판부, 1998), 143쪽(제1부 제1장 제48절)을 참조하라.

때의 소원함을 증대시킬지언정, 철학적 원리들에 보다 적합한 다른 삶의 형식을 민중에게 제공하지는 않는다. 따라서 그는 삶의 관념적 형식이라는 기준들에 의거해, 모든 사회와 그 정치제도에 대한 총체적 비판을 제기하는 것이 아니다. 오히려 그는 자신의 '비판 이론'을, 국가나 사회가 간단히 무시할 수 없는 '정치진략'을 포함하는 역사적 경험 형식 쪽으로 전환시킨다.

교수-비판가

프로이트와 마르크스는 하버마스에게 그가 비판 이론이라 명명한 바의 실례들을 제공했다. 그는 역사가 독단론과 비합리성을 극복하게 하는 매개로서의 자기형성과정Bildungsprozess에 관한 일반적인 이미지의 관점에 입각해 양자[프로이트의 비판 이론과 마르크스의 비판 이론]를 '재구축'한다. 그의 주장에 따르면 비판 이론은 해방을 통해 계몽하고, 계몽을 통해 해방하기 때문에 '실천적'이다. 이렇게 해서 하버마스는 역사적 계몽의 과정을 추진하는 교수-비판가라는 친숙한 인물상人物像을 정당화하는데, 그 인물은 사회가 자신의 바탕을 되돌아보도록 돕고, 지식의 토대가 되는 바를 규정하며, 동료들의 철학적 사기를 무자비하게 폭로하고, 학생들의 의식을 끌어올리며, 지난 세대의 기만을 탐색해 냄으로써 역사적 계몽의 과정을 끌고 나가는 것이다. 푸코는 이런 종류의 인물상에 다소 의문을 제기한다. 요컨대 매킨타이어가 마르크스주의 비판가들의 "이데올로기적 독선성"[5]이라고 부르는 바의 인물상은 물론이고 계몽된 프로이트주의자들의 '자기인식'이라고 부르는 바의 인물상도 수상쩍게 생각하는 것이다.

실제로 푸코가 전개하려는 종류의 비판은 확실히 공산당의 정치 전략이나 정신분석 치료절차를 모방한 것은 아니다. 그가 제시하는 비판적 투쟁의 '정치전략'은 마르크스적 모델과 프로이트적 모델이 규정해 온 것과는 다른 그림을 그리고 있다. 특히 그는 게스가 '비판 이론'[6]이라는 관념 자체의 궁극적 모델로 간주하는 역전된 계몽 모델에 이의를 제기한다. 이 모델에서 이데올로기는 자유로운 대화를 체계적으로 저해하는데, 이런 상태에서는 언제나 비이성과 비자유가 서로를 함축하고, 그러므로 압제는 늘 합리적 해방의 가능성을 '품고' 있다.

교수-비판가에 대한 푸코의 의심은 비판에 따라다니는 이 가설들에 대한 그의 이의제기에 의해 뒷받침된다. 그의 분석에서 지배라는 것은 이성에 대한 어떤 부정에 근거하지 않으며, 우리 인간에 관한 진리=진실과 상당부분 양립 가능하다. 그가 도입하는 것은 단순히 기만당한 의식에 대한 정치전략이 아니라 지식의 형식 자체에 대한 정치전략이며, 그의 비판은 '역사' 속에서 우리 인간의 본성 및 우리의 역할에 관한 해방 위주의 진리를 알아내는 데 기초하고 있지 않다.

---

5) Alasdair MacIntyre, "Ideology, Social Science, and Revolution(「이데올로기, 사회과학, 그리고 혁명」)," *Comparative Politics* (1973), 5:322.

6) Raymond Geuss, *The Idea of a Critical Theory*(『어떤 비평이론의 착상』), (Cambridge: Cambridge University Press, 1981).

우리 관심의 학교화

비판 이론의 본성을 규정하기 위해 하버마스는 지식의 체계적 통일성이라는 사변적 주제를 이용한다. 그는 지식을 구성하는, 인지적 '관심'을 가정한다. 그의 주장에 따르면 인류는 기본적인 관심을 갖고 있으며, 그 관심은 이성 자체 내에 자신의 통일성과 기초를 갖고 있는 어떤 연구분야와 정확히 일치한다. '낮은 차원의 관심'이 둘 있는데, 이것은 'Naturwissenschaft'와 'Geisteswissenschaft'의 전통적 구분, 즉 자연과학과 인간과학의 구분에 상당한다. 인류는 이 각각의 과학 'Wissenschaft'에 대해 상이한 종류의 관심, 즉 설명에 대한 관심과 이해에 대한 관심을 갖는다. 그러나 인간은 또한 해방에 관심을 기울이기도 하고 'mündig'해지는 데, 즉 성숙해지고 성년이 되고 책임을 완수하는 데 관심을 기울이기도 하는 것이다.

이 세 번째 고차원적 관심을 가정하는 것이 하버마스의 분류가 토대로 삼는 지점이다. 그는, 칸트나 피히테에게서 예증되는, 독단론 및 거짓권위에 대한 철학적 투쟁에서 이러한 관심을 발견한다. 그러나 그 관심은 그가 마르크스나 프로이트의 '비판 이론'이라고 부르는 것 속에서 계승되고 있다. 이렇게 해서 그는 이 가정된 세 번째 관심을 활용해 마르크스와 프로이트의 '실증주의적 자기오해'에 이의를 제기하고 또 그가 보기에 이 자기오해의 무시무시한 역사적 영향인 바에 대해 의문을 품는다. 푸코 역시 마르크스주의와 정신분석에서 행해지는 진리에 관한 주장을 분석하고자 하고 그 주장에 이의를 제기하지만, 인간학적 관심에 대한 구성적 도식을 매개로 하지는 않는다.

이러한 분류중심의 도식은 19세기 독일대학의 구상 속에서 발견될 수 있다. 당연하지만 하버마스는 관심이 '자기형성과정 Bildungsprozess으로 이해되는 인류의 역사'에서 유래한다고 생각한다.[7] 그러나 이성의 통일성이라는 그의 도식은 결과적으로, 인류의 교육과정에 대학이 대규모로 투영된 어떤 것으로 여겨지게 된다. 마치 인류가 건물 없는 거대한 '대학'에서 성숙Mündigkeit에 관한 학위를 취득하기라도 한다는 듯이 말이다. 이 '대학'의 '여러 학부'는 '인간'의 갖가지 '관심'일 테고, 이곳의 졸업자격은 모든 독단론 및 부당한 권위의 극복일 것이다. 이 기획의 핵심은 '마르크스주의적'인 사회변혁과 '이성'의 실현을 일치시키려고 한다는 점일 것이다. 하버마스는 인간의 지식의 통일성을 '대학'에서 '정당'으로 옮김으로써 그 통일성을 '실천적'인 것으로 만들고자 하는 것 같고, 이렇게 해서 '학교'를 위한, '학교'에 의한 사회라는 전형적으로 유토피아적인 주제에 하나의 변이체를 도입하려는 듯하다.[8]

푸코의 지식의 정치전략에서는 이런 종류의 비판을 발견할 수 없다. 그는 지식의 체계적 통일성이라는 주제를 거부하기 때문에 그 통일성을 '실천적인' 것으로 만들려는 착상 자체도 거부한다. 그가 생각하기에, 연구의 형식이나 대학의 커리큘럼과 관련해 심층에 잠재하거나 인간학적인 것은 아무것도 없으며, 공산당의 '관심'과 관련해서는

7) 하버마스, 『인식과 관심』, 우리말역 13쪽, 영역 p. 5.
8) 이 점에 대해서는 장프랑수아 리오타르, 『포스트모던의 조건』(*La Condition postmoderne*)(유정완 옮김, 민음사, 2018) 및 다음을 참조하라. Michèle le Dœuff, "Utopias: Scholarly"(「유토피아: 학자적으로」), in *Social Research*, (Summer 1973), vol. 49, no. 2.

더더욱 그렇다. 니체도 그랬지만, 푸코는 지식을 여러 학부로 구분할 필요를 느끼지 않는다. 변화하는 여러 실천의 복잡한 역사가 구성해 온 것은 다양한 학문 분야들이지, 인간의 본성이나 인간의 관심이 아니다.

푸코의 지식 이론은 목적이나 관심에 대한 언급으로 가득하다. 그러나 그러한 언급의 의미는 어떤 고정된 연구의 틀을 부여하는 데 있지 않으며, 목적이나 관심의 기원을 우리 인간의 본성에서 발견하려는 데 있지도 않다. 푸코에게서 관심은 분명 지식 내에 존재하지만, 그렇다고 그 관심들이 '준-선험적인'quasi-transcendental 것은 아니다. 그것들은 소소하고 실천적이며 변덕스럽다. 그 관심들은 인간에 대한 철학적 반성을 통해 발견되기보다는 오히려 역사적 탐구를 통해 발견된다.

따라서 푸코가 발견하는 관심은 하버마스가 말하는 '학부'나 그 학부에 속하는 학문들에 들어맞지 않는데, 푸코는 관심이라는 것이 하버마스가 말하는 학부로 귀착된다고 생각하지 않는 것이다. 예측, 이해, 해방은 사회학에서의 목적을 고갈시키지 못한다. 푸코는 오히려, 신체에 규율을 부과하고 행위를 규범화하며 인구의 삶을 관리하려는 목적을 발견한다. 그가 발견하는 목적은, 사람들을 통치 가능하게 하는 자기 기술記述의 절차와 범주의 체계 안으로 사람들을 집어넣으려는 목적, 혹은 그들이 스스로 그 안으로 들어가게끔 유도하려는 목적이다.

하버마스가 생각하기에 사회과학자들은, 계측할 땐 설명하기에 관심을 갖지만, 연구대상들과 더불어 대화할 땐 이해하기에 관심을 갖는다. 푸코는 19세기의 사회과학을 불시에 엄습한 계측 실천들에 대해 분석하면서 [하버마스와는] 다른 목적, 즉 일탈을 통제하려는 목적을 발견한다.[9] 일탈을 다루는 19세기의 의사들은 자신의 환자와 '대화'를 주고받으면서도 이러한 목적으로부터 벗어나지 못했다. 대화와 계측 모두 하버마스가 생각하는 인간의 능력[=학부]의 구분에 해당되지 않는 목적으로 역사적 실천 속에 나타난 것이다.

역사의 목적과 '구성적' 관심 사이에 존재하는 이러한 차이가 정신분석이나 사적유물론 같은 학문에도 해당되는 것은 물론이다. 철학적으로 반성해 본다면 이들 학문이 자립에 대한 우리의 기본적 관심에 부응한다는 것을 납득할 수 있을 것이다. 그러나 '노동'이나 '상호작용'에 관한 지식은 자연의 변화[에 관한 지식이]나 자유롭고 개방적인 임상상담 제도와는 다른 목적을 갖는 듯하다. 그 목적들을 찾으려면 철학적이거나 인류학적인 숙고만으로는 충분치 않다. 실천들이 실제로 어떻게 작동하는지를 점검해야 한다.

푸코의 소소한 역사적 목적과 하버마스의 지식 구성적 관심 사이에는 전면적인 차이가 있다. 지식의 총체가 갖는 역사적 목적은 비판받을 수도 있고 변화할 수도 있지만, 하버마스가 준거하는 우리 인간의 '준-선험적' 측면들은 그렇지 않다. 이러한 차이는 그보다 더 큰 분기를, 비판 이론상에서의 분기를 반영한다. 지식의 목적에 준거하면서도 푸코는, 대학이나 보편적 역사 내에서 비판이 한 자리 차지한다고 말하려 하지 않는다. 그는 주된 도식이나 역사적 목적론 내에서 비

9) 하버마스에 대해서는 『이론과 실천』(홍윤기 · 이정원 옮김, 종로서적, 1989), 17쪽, 영역(*Theory and Practice*, trad. John Viertel, Beacon Press, Boston, 1978), p. 10 참조.

판이 어떤 자리를 필요로 한다고는 생각하지 않는다. 푸코는 계몽주의 자체에 반대한다고 말할 수 있을 것이다. 그가 문제 삼는 것은, 어떤 이상적 상태를 지향하는 인류의 역사적 형성으로서의 계몽과 같은 관념론적 그림이다. 푸코에게서 비판이 갖는 진리는 궁극적인 것이 아니라, 언제나 새로이 논의되어야 하는 어떤 것이다.

해방의 정치전략

성현상을 하나의 역사적 대상으로 삼아 고찰하면서, 푸코는 성현상에 관한 정치전략의 영역을 확장하여 그 몇몇 기본 모델에 문제를 제기하고자 했다. 라이히와 마르쿠제 이래로 성현상에 관한 비판적 역사는 억압의 기원을 가정에서 밝혀 내는 쪽으로, 따라서 억압 없는 사회를 만들기 위한 조건을 규정하는 쪽으로 향해 왔다. 성현상의 자연스러운 표현에 대한 저지와 이것이 개인의 자율성에 끼치는 영향에 초점이 맞춰져 있었다. 성현상의 저지는 주로 가정에서 일어나는 것 같지만, 더 일반적으로는 모든 '권위주의적' 제도에서 일어날 수 있다. 해방은 권위주의적 속박으로부터 성현상을 풀어주는 데, 또는 자율적인 주체들 간의 '성숙한' 관계를 획득하는 데 있을 수 있다. 요컨대 성현상에 관한 정치전략의 중심 목표는 가정에서 일어나는 성현상의 부정을 극복하는 것, 그리고 이에 따라 공적 생활에서도 우리를 자유롭게 하는 것이었다.

성현상에 관한 정치전략에는 그 이상의 것이 있다고 푸코는 말하고 싶어 한다.[10] 그는 본능의 저지라는 문제와 그 때문에 서서히 스며드는 비자유상태에 초점을 맞추기보다는 오히려 성현상과 관련된 경험의 특수한 역사적 형식 내에서의 주체성 구성이라는 문제에 초점을 맞췄다. 그가 묻는 것은, 사람들이 어떻게 지식의 형식이나 강제의 체계나 인간본성 개념에 의해 지탱되면서, 특수한 종류의 성현상과 관련된 경험에 지배되는가이다. "결국 문제가 되는 것은 서구 근대사회에서 개인이 스스로를 '성현상'의 주체로 인식하게 되는 이러한 '경험'이 어떻게 형성되었는지를 보는 것이다. 이제 '성현상'은 대단히 다양한 인식영역들로 개방되며, 규칙과 구속의 체제로 유기적 구성을 갖추게 된다."[11]

푸코는 자신의 비판적 역사학을 이 문제 쪽으로 향하게 함으로써 라이히-마르쿠제 모델과 멀어진다. 그는 가부장적 권위주의나 본능의 억압에 기초하지 않는 지배의 그림을 제공하고, 또 우리의 억압된 본능에 관한 진실을 발견하는 그런 형식을 취하지 않는 비판적 분석을 제안하며, 욕망을 억압으로부터 풀어주는 것이 아닌 방식의 해방 또는 자유 개념을 제시한다. 이렇게 해서 그는 소외나 기만 그리고 억압 등과 같은 전통적 모델에 더 이상 기초하지 않는 새로운 종류의 비판을

---

10) *DE I*, n° 157, "Pouvoir et corps"(「권력과 신체」) p. 1625(Power/Knowledge, p. 59)에서 푸코는 이렇게 말한다.: "또 마르쿠제처럼 억압 개념에 과도한 역할을 부여하는 준-마르크스주의자들(paramarxists)과 저는 구분되어야 합니다. 왜냐하면 만약 권력이 억압하는 기능만을 할 뿐이라면, 또 권력이 오로지 검열, 배제, 봉쇄, 억압 등의 양식을 매개로 해서만 거대한 초자아처럼 작동한다면, 부정적인 방식으로만 작동한다면, 권력은 매우 허술한 것이 되기 때문입니다." 이 점에 대해서는 나의 「권력의 분석」(Analysis in Power, in Semiotexte, 1977, vol. 2, no. 3)을 참조하라.

11) 『쾌락의 활용』(*L'Usage des plaisirs*), 우리말역 18쪽, 원서 p. 10.

고안해 내려고 시도한다.

소외 모델

푸코의 규율 분석은 대상화, 즉 우리를 대상으로 보고 지배관계로 끌어들이는 절차에 관한 하나의 분석이었다. 그러나 그는 대상화가 합리적 대화를 억압한다거나 그러한 대화가 발견할 수도 있는 참된 관심을 억압한다고 생각하지는 않는다. 대상화는 계몽된 토론을 억압하는 것 이상이다. "대상화의 과정들은 권력의 전술 자체로부터 또 권력행사의 구획 정리aménagement 안에서 생겨나게 된 것이다."[12] 이 대상화 과정들은 이상적인 상호주관성의 소외로부터 생겨나는 것이 아니다.

그래서 푸코는 『성의 역사』에서 주체성에 관한 정치적 문제에 착수할 때, 대상화 과정들 때문에 '소외'된 것으로 간주되는 이상적 자율성의 관점에서 논하지 않는다. 푸코가 주체성을 정치적이라 여기는 것은 오히려 '주체화'의 구체적 절차 때문인데, 말하자면 우리가 우리 자신을 지식과 규범 그리고 인간본성 모델 등의 총체에 기초하는 경험 형식의 주체로 인식하게 되는 절차 때문이다. 주체성에 관한 푸코의 정치전략은 비판의 기준으로서의 이상적 자율성으로부터 시작되는 것이 아니라, 주체가 구성되어 온 역사적 형식들에 대한 분석으로부터 시작된다.

이렇게 해서 그는 대상화와 주체화, 이 둘 모두의 '전술'을, 식별 가

---

12) 『감시와 처벌』, 우리말역 165쪽, 원서 p. 104.

능한 현실적 실천을 통해 분석해야 한다고 제안하기 때문에, 그의 비판은 소외 모델의 기초인 주객의 '변증법적' 관계라는 가정을 한켠으로 치워 둔다. 그의 분석에서 [변증법적] 부정은 하나의 범주로서 등장하지는 않는다.[13)]

이데올로기적 기만 모델

전통적 모델에서 비판은 이데올로기에 집중된다. 이데올로기란 우리와 우리의 '계몽된' 관심 사이에, 또는 우리와 우리의 참된 관심 사이에 자리잡은 비합리적 신념의 총체이다. 그것은 폭력적이지도 않고 힘에 의존하지도 않지만, 우리가 이 관심들을 자유롭게 추구하지 못하도록 방해하는 그러한 권력이나 지배의 형식을 지칭한다. 어떤 이데올로기의 기만을 폭로하는 것은 따라서 우리의 참된 관심을 발견하고 역사 속에서 우리의 역할을 떠맡는 것이다. '도덕적 올바름'을 '모든 합리적 행위주체로부터 정당하다고 인정됨'과 동일시하는 칸트의 모델에 기초해, 하버마스는 '비합리'에 대한 단호한 규범적 독서를 제시한다. 이데올로기는, 자율적인 여러 주체 간의 합리적 동의에 기초하는 사회를 실현시키지 못하도록 방해한다는 의미에서 '비합리'적이다.

푸코는 역사적 형식 면에서나 규범적인 칸트적 형식 면에서나, 이러한 모델과 멀어진다. 『감시와 처벌』에서 그가 주장하는 비판은 이데올로기에 초점을 맞추는 것도 아니고 '역사' 속에서 우리가 담당하

---

13) 앞의 각주 4를 참조.

는 역할에 접근할 수 있도록 해주는 것도 아니다. 성현상과 관련된 도덕을 다룬 그의 역사에서 그는 성현상과 관련된 규범들에 대한 합리적 동의가 일어나는 목적에 의문을 갖는다. 보편 규범을 규정하려는 시도(예를 들면 부부 사이의 의무에 관한 스토아학파류의 사고방식과 같은)가 전제해 온 그런 종류의 성현상을 그는 검토한다.

푸코의 작업에서는 일반적으로, 비판의 초점으로서의 이데올로기로부터의 이탈이 점점 명백해지고, 특정한 경험형식을 역사적으로 가능케 하는 실천에 관한 정밀한 분석으로 방향을 돌리는 움직임이 있다. 이렇게 해서 『지식의 고고학』에서 지식을 하나의 '담론실천'으로 분석하는 하나의 이유는, 이데올로기와 과학에 대한 알튀세르류의 구별을 피하려는 것이었다. 또 신체를 표적으로 하는 일군의 실천으로서의 규율을 분석한 결과 중 하나로, 이데올로기와 폭력(혹은 '외적' 지배와 '내적' 지배)을 나누는 전통 마르크스주의적 이분법에 문제를 제기하게 되었다.

『감시와 처벌』에서 그는, 권력은 단순히 비합리적인 신념을 심어주기보다는 직접적이고 구체적인 방식으로 우리를 통제하며, 우리 신체 및 정체성의 형성 자체를 향한다고 주장한다. 모든 비폭력적 지배를 이데올로기로 환원하는 것은 지배의 작용을 한정적으로 보는 그림을 도입하는 것이다. 그것은 결여나 부정의 그림, 특수하지 않고 추상적인 그림이다. 그 그림은 지배의 행사나 지배의 '전술'을, 우리가 겪고 있는 경험의 형식을 규정하는 실제적이고 명백한 절차의 관점에서 이해하기보다는, 오히려 (합리적 여론처럼) 그 행사나 '전술'이 방해해야만 하는 것, 혹은 (관심에 대한 완전히 계몽된 추구처럼) 좌절시켜야만 하는 것의 관점으로부터 이해한다. 그러한 그림은 단 한 종류의 권력을 지목하며, 우리 인간의 참된 본성이 하나의 추상적 소여[기정사실]라 여기고 그 참된 본성의 왜곡이라는 문제 쪽으로 권력분석의 핵심 쟁점을 돌려 버린다.

그러므로 성현상에 관한 푸코의 비판적 역사는 '성현상의 이데올로기'를 대상으로 삼지 않는다. 이 역사는 오히려 『지식의 고고학』의 마지막 장에서 푸코가 이미 "윤리적 고고학"이라고 이름 붙인 바의 형식을 취한다. 즉 가능한 행위 및 사유에 관한 특별한 틀을 시간과 공간에 부여하는, 보다 광범한 '담론실천' 속에서 규범들이 출현한 방식에 대한 분석이다. 게다가 그것은 [성도덕에 비하면] 광범위하게 간과되어 온 '윤리'를 상이한 여러 기원과 제도화를 포함하는 실천의 관점에서 분석하면서, 그 윤리의 관점으로 성도덕들을 이해하려는 시도다.

푸코에게 '담론'이, 단 한 명의 정보제공자가 정합적 전체로 간주하는 신념에 대한 지식이 아니라 많은 사람들이 동시에 제각기 말하고 있는 상태인 것과 마찬가지로, 어떤 '실천'이란 여러 장소와 공동체에 뿌리를 내리고 있는 담론 및 절차의 총체인데, 그것은 사고방식이나 제도적 운용에 대한 차이를 포함하고, 그 누구에 의해서도 계획되거나 방향설정되거나 '소유'될 수 없으며, 예기치 않은 결과를 가져온다.[14]

---

14) *L'impossible Prison*, pp. 36~37[또는 *DE II*, n° 277, "La poussière et le nuage", pp. 835~836]을 참조하라. 푸코의 실천개념이 익명적이고 자동적이라는 반론에 응수하여 푸코는 이렇게 논박한다. "전략"이라는 것이 "상이한 여러 관점들 또는 목표로부터 표명되고 제시되는 몇몇 관념으로부터 생겨나는" 것이 아니라면, 또 "극복해야 할 종류의 장해, 결합시켜야 하는 여러 다양한 수단을 포함함과 동시에 추구되는 몇몇 결과 속에서 전략의 동기를 발견하지 않는다면", 또 "자신의 가치와 자신의 성공기회를 몇몇 이해관계에 결부시키지 않는

푸코는 '실천'도 '담론'과 마찬가지로 익명적이고 상대적으로 자율적이라 생각한다. 그는 어떻게 해서 규범이 이런 종류의 실천 속에서 효력을 갖게 되는지, 그리고 규범적 성찰이 연상시키는 규범과는 다른 결과를 얻는지를 분석하려고 노력한다.

'담론실천'은 따라서 정신적 공동체의 의식적 활동이 아니다. '생활세계'가 그 원리를 모든 사람들에게 동의시킴으로써 완전히 합리적인 것이 되는, 이 '생활세계'를 '담론실천'은 취급하지 않는다. 규범은 공동체의 구성원이 반성적으로 추상화하고 평가하는 지배원리로서 담론실천 속에 나타나지 않는다. 따라서 어떤 담론실천에 대한 비판적 분석은 도덕을 합리화하거나 이데올로기의 '비합리성'을 극복하려는 시도가 아니다.

『성의 역사』 제2권과 제3권에서의 중심 논점은, 성현상에 관한 윤리적 엄격함의 규범이 흔히 상정되는 것보다도 훨씬 더 오랫동안 우리 문명 속에서 지속돼 왔다는 점이다. 반면 그 실천의 유형에서는, 따라서 이러한 규범이 나타날 수 있었던 경험 또는 윤리의 유형에서는 상당한 변화가 존재해 왔다. 푸코의 역사는 이 변화에 관한 것이다. 그의 주장에 따르면 고대 그리스에서는 아프로디지아aphrodisia를 둘러싼 제도에 남성우위의 사고방식과 귀족소년에 대한 사랑의 문제가 포함되는데, 그리스도교 세계에서 육욕을 둘러싼 제도에는 개인의 영혼이 신앙심 없는 사유, 또는 죄에 빠진 사유에 굴복하는 문제가 포함된 것이

다면", 도대체 그런 전략은 무엇이냐고 말한다. 따라서 푸코의 '실천'은 아리스토텔레스적 의미에서의 프락시스[실천]가 아니다. 실천에서의 자유라는 개념에 변화가 있는 것이지, 자유 그 자체가 배제되는 것은 아니다.

다. 성현상에 대한 엄격한 규범은 두 제도 사이에서 서로 다른 역할을 담당하고 있다. 푸코는 '성현상의 경험'에서 이러한 상이함을 설명하는 '담론실천'을 분석한다. 이렇게 해서 그는 새로운 종류의 비판적 문제를 도입한다.

그의 비판적 문제는 도덕률을 주의主義, ism에 기초해서 수용/거부하지 않으며, 그 수용이나 거부는 그가 다루는 대상의 일부이다. 그는, 우리의 참된 관심이라든가, '비합리적'인 사람이 아니라면 누구나 그것에 복종하는 데 동의해야 하는 규범을 발견하려고 시도하지는 않는다. 그가 문제시하는 것은 어떻게 성현상과 관련된 우리의 경험을 '합리적'으로 만드느냐와 관련된 방법이 아니라, 우리의 실천으로 인해 가능해지는, 또 다른 종류의 '성현상의 경험'을, 즉 성현상과 관련된 다른 종류의 '윤리'를 우리가 가질 수 있는지, 그리고 우리가 정말 그것을 바라고는 있는지에 대한 문제화이다.

성현상과 관련된 '윤리'는 도덕률이 아니라, 대단히 다양한 실천의 복합체에 의한 어떤 경험형식의 구성이다. 그 실천들의 '고고학'은 정당화를 목표로 삼지 않는다. 그것은 윤리적 비판이며, 그 비판에서의 기본적인 쟁점이 자율적이고 합리적인 행위주체에 부과되는 규범의 정당화는 아니다.

요컨대 푸코는, 역사적 실천의 저편이나 배후에서 우리 인간본성에 관한 최종적 진리나 우리의 이성이 우리에게 명하는 규범을 탐구하는 것이 아니다. 그는 도덕규범, 우리 자신에 관한 진리가 나타나는, 이러한 실천의 작용을 더욱 정밀히 보려 하고 또 그 실천의 작용을 비판적 분석에 맡기려 시도한다. 따라서 그는 비판에서 이데올로기 모델이 점유하는 중심 역할에 이의를 제기하고, 권력은 주로 참되거나 합리적으로 근거 있는 경험을 속이거나 왜곡하면서 작용한다는 가설에 이의를 제기한다.

억압 모델

라이히와 마르쿠제의 억압 모델은 소외 모델과 기만 모델을 결합한 것이다. 그 출발점에는, 성적욕망에 대한 근본적인 오해 때문에(기만) 우리의 참된 자율을 성취하는 데 실패한다는(소외) 가설이 있다. 따라서 자기 비판을 통한 억압의 제거는(탈기만), 우리가 자유롭게 되기 위해(탈소외) 인식해야 하는 우리 욕망에 대한 진실을 발견하는 것이다.

이제까지 보아왔듯 푸코는 비판에 있어 소외 모델과 이데올로기 모델에 대해 공통되는 종류의 반론을 제기한다. 인간학이 소여로 여기는 바, 즉 사후가정적 방식으로 지배를 조건짓기 때문에 지배가 취소되고 나면 반드시 출현해야 하는 것으로서의 진리, 우리 자신에 대해 자명하다고 여겨지는 그 진리를 비판의 출발점으로 삼는 것을 그는 문제시한다. 그는 억압 모델에도 마찬가지 방식으로 도전한다. 성현상과 관련하여 기정사실로 간주되고 있는 우리의 일반적 개념으로부터 출발하는 대신 그는, 여러 시대와 장소에서 우리와는 다른 종류의 성현상을 명확히 밝혀내려고 시도한다. 그는 우리의 참된 욕망이라는 것이 억압에 대한 사후가정적 조건이 되고 있다고 상정하는 대신, 억압되었든 그렇지 않든 간에, '참된 욕망'이라는 개념이 어떻게 우리 성현상의 일부가 되었는지를 묻는다.

그가 『성의 역사』 제1권 도입부에서 '억압 가설'에 가하는 반론의 요지는, 결과적으로 그것의 역사적 가정이 미심쩍다는 것이다. 성현상과 관련된 행동에 대한 현행의 금지가 욕망에 관한 복잡한 오해를 초래해 왔다기보다는, 억압 가설이 우리로 하여금 그 오해를 사실로 가정하게 한 듯하다. 사실 우리는 성이 정당한 생식행위로 환원되지 않을 경우, 그 성의 가치를 저하시키려는 어떤 유형의 사상이나 관습을 틀림없이 발견하게 된다. 그러나 이 사상이나 관습의 유형은 자본주의나 그리스도교에 의해 창출되는 것이 아니라, 더 이른 시기에 다른 장소에서 발생한다. 더욱이 그러한 유형을 우리가 발견하는 장소, 성과 관련된 경험의 영역들 가운데 도덕적 골칫거리로 간주되는 영역들에서, 성현상이 금지되거나 차단당하지 않는 경우가 확실히 빈번하게 있었다. 이러한 여러 이유로 억압 모델은 일반적인 역사적 가정으로서는 오해의 소지가 있다.

그러나 푸코는 또한 이 모델에 대해 윤리적 또는 정치적 반론을 제기한다. 그 모델은 해방을 오해하게 만드는 이미지를 끌어들였고, 대규모의 사회변혁을 통해 억압을 제거한다는 목표를 설정했기 때문에 엉뚱한 종류의 비판적 문제로 우리를 유도했던 것이다. 우리는 이 점을 하버마스와 관련해 확인할 수 있다.

하버마스의 주장에 따르면 확실히 프로이트의 억압 모델은 소외 및 기만을 수반하기 때문에 우리에게 '비판 이론'의 모델 자체를 제공해 준다. 정신분석은 '이성'을 실천적인 것으로 만들려고 노력하는 '새로운 종류의 이론'의 '유일하고 명백한 실례'를 제공한다고 그는 주장한다.[15] 정신분석에서 이론은 '실천적 의도'를 갖고 있다. 즉 스스로를 자유롭게 만들기 위해 자신에 관한 진실을 인식해야 하고 또 그 진실을 인식하는 것이야말로 스스로를 자유롭게 만드는 것이다. 자기인식과 자기변형은 서로를 내포하고 있다. 정신분석은 따라서 이론의 참/거짓과 이론의 수용 여부가 '실천적' 계몽에 의해 어느 정도 좌우되는 그런 이론이다.

하버마스는 억압을 소외 및 사유화[공공적인 소통으로부터의 배제]로 해석하는 '관념론적' 프로이트 해독을 제안한다. 그는 프로이트가 소통의 '보편화용론'에 공헌하고 있다고 생각한다. 그는 프로이트의 요법을, 대화를 통한 일종의 자립 의지 재교육으로 '재구축'한다. 세 가지 명제가 구별될 수 있다. 첫 번째는 억압 때문에 대화에 드러나지 않는 바로 그것을 정신요법은 해방시켜 준다는 것이다. 억압의 근원은 잘못된 양육 혹은 교육Bildung이지만 억압의 결과는 대화에서 정직하지wahrhaftig 못하게 되는 것이다. 정신분석에서 정직해지는 법을 배우는 것은 따라서 억압을 제거하는 '보상적 자기형성과정Bildungsprozess'이다. 정직하게 진실을 말하는 것은 억압 상태와 양립하지 않기 때문에, 정직하게 진실을 말하는 것을 배울 때 사람들은 자신의 불운한 형성과정에서 자신에게 스스로 부과했던 비자유를 제거한다. 두 번째 명제는(프로이트에게서는 첫 번째 명제만큼 명료하게 언급되지 않지만), 진실된 대화에서의 이러한 자유를 '언어 및 행동에서의 전달 가능성을

15) 하버마스, 『인식과 관심』, 우리말역 216쪽, 영역 p. 214.

의미하는 공공성公共性'[16]과 관련시킨다. 억압에 의해 사유화된 것을 정신요법은 공공의 것, 전달 가능한 것으로 만든다. 자립 의지를 재교육한다는 것은 자신의 행동을 공공의 의미와 관습의 견지에서 보는 것이다. 이상의 명제들을 결합시켜서 다음과 같이 말해도 좋을 것이다. 대화에서 정직하게 말하기를 배우는 것은 자기의 말과 행동 일체를 공적으로 전달 가능한 것으로 만드는 것이라고 말이다. 세 번째 명제는(여기에 대해 프로이트는 부인하지만), 자신의 사유나 행동을 공적으로 전달 가능한 것으로 만드는 것을 방해하는 기본적인 억압은 '사회제도에 의한 억압의 결과'[17]라는 것이다. 이렇게 해서 우리는 '비억압사회'라는 것을 마음에 그려볼 수 있다. 그 사회의 교육은 대중을 억압하기보다는 오히려 대중을 형성할 텐데, 그 사회에서 모든 사람들은 진실되게 대화할 수 있고, 그 어떤 말과 행동에도 '파열'되거나 '사유화'된 상징은 존재하지 않으며, 각자의 욕망은 모두에게 전달 가능할 것이다. 그 사회는 '보편적으로 실천되는 대화'의 사회다. 그것은 '구성원의 성숙Mündigkeit(자율성 및 책임)이 실현된 해방사회'[18]다.

정신분석에 관한 이 논의에 대해 많은 반론들이 있어 왔다. 즉 프로이트의 설명에 관한 의문, 또 정신요법 모델을 사회분석으로 이행시키는 것이 적절한지에 대한 의문, 그리고 정신치료상의 자기반성을 지

16) 같은 책, 우리말역 240쪽, 영역 p. 238.

17) 같은 책, 우리말역 235, 영역 p. 233. 하버마스가 주장하는 바에 따르면, 프로이트는 규범적 사회 이론으로 이용될 수 있는 어떤 이상적이거나 유토피아적인 사회 이론은 별로 갖고 있지 않았다.

18) 같은 책, 우리말역에 해당 부분 없음, 영역 p. 314. 과연 이것이 바람직한 결말인지, 푸코는 의문을 제기한다.

식 및 도덕성의 요건들에 대한 관념론적 반성과 동화시키려는 시도의 적절성에 관한 의문 등이 그것이다. 푸코는 이런 방식으로 '재구축'된 프로이트가 비판 이론에 뛰어난 모델을 제공한다는 착상 자체에 암암리에 이의를 제기한다.

하버마스에 의한 정신분석의 이용은 그 이용 방식이 유토피아적이라는 점만으로도 역사적이다. 하버마스는 정신분석을, 칸트에서 유래하는 관념론의 전통을 스스로도 알아차리지 못한 사이에 확장한, 한 인간의 창조물로 보고 있다. 그는 발화의 '보편화용론'과 관련시켜 프로이트를 읽고, 그다음에 그 화용론을 '비억압적'인 또는 합리적인 사회실현을 위한 규범적 원리로서 제시한다. 그러므로 프로이트를 유토피아와 연결시킴으로써, 프로이트의 저작을 역사적으로 의의 있는 것으로 만들어 버린다.

푸코가 역사를 활용하는 방법은 그와 다르다. 그는 프로이트 모델의 유토피아적이거나 규범적인 '재구축'으로부터 출발하는 게 아니라, 그 모델을 활용하는 것에 관한 일종의 실천적이면서도 역사적인 회의로부터 출발한다. 요컨대 그는, 성욕이 역사적으로 규정된 데에는, 성욕을 공직으로 진술할 수 있는 우리의 능력이 방해받는 사태 이상으로 중요한 사실이 있을 수 있다고 시사하면서 시작하는 것이다. 따라서 그의 비판은, 우리의 언어에서 과연 무엇이 성과 관련한 비합리적 사태가 폐지되는 사회를 고안해 줄 수 있느냐는 의문으로부터 출발하는 것이 아니라, 언어나 담론을 우리가 실제로 활용하는 경우에, 무엇이 우리의 성현상의 경험을 규정하는 데 도움을 주느냐는 의문으로부터 출발한다.

두 번째로 푸코는 우리의 '참된 욕망'에 관한 인식을 비판의 사후 가정적 조건으로 보는 대신, 그 인식을 비판의 대상들 중 하나로 본다. 요컨대 그의 주장에 따르면 정신분석은, 어떤 개인이 그것을 자기자신에게 적용할 때, 그가 자유로워지기 위해 인식해야 하는 진리 쪽으로 그를 유도할 수 있는 그런 자아에 관한 이론의 첫 번째 실례, 또는 '유일하게 명백한' 실례라고는 할 수가 없는 것이다. 이런 종류의 이론에는 긴 연속성이 있는데, 그것은 고대 그리스에서 시작되고 특히 그리스도교에서의 고백 실천이 그 좋은 예가 된다. 주목되지 않은 복잡한 역사가 '실천적 의도를 수반하는 이론'의 배후에 존재하는데, 그 이론이 '대상으로 삼는' 사람들에 대해 말하자면, 그들은 자신에게 부과된 비합리적 속박으로 인해 고통받고 있다고 생각하며, 따라서 세밀한 자기 점검을 필요로 하는 사람들이다. 이들의 공적 언어 운용이 결핍되어 있는 까닭은, 이들이 전문적인 훈련을 쌓은 청취자의 면전에서 성 현상에 관한 진실을 입 밖에 낼 수 없기 때문이다. 이 '실천적 의도'는 일탈을 다루는 19세기 의사들에게서 대단히 유행하고 있었으며, 이런 위험한 허위의 원천을 가정하여 그것에 초점을 맞춘다는 것을 확인할 수 있다.

푸코가 역사를 활용하는 것은 이러한 '실천적 의도'의 기저에서 침묵하는 평범한 목표를 확인하기 위해서이지, 보다 광범위하고 뿌리 깊은 '해방중심'의 목표가 달성되고 또 실천되는 보편적 역사 속에서 프로이트의 역할을 추출하기 위함이 아니다.

이런 방식으로 푸코는 억압의 문제를 방향전환시킨다. 그는 우리의 성욕이 어떻게 소외와 기만을 초래했는지를 묻는 것이 아니라, 우리 자신에 관한 진실을 발견하기 위한 실천이 도대체 어떻게 우리 성현상의 경험의 일부가 되었는지를 묻는 것이다. 성과 관련된 역사적 경험으로부터 자유로워지기 위해 타인에게 반드시 표명해야 하는, 욕망에 관한 숨겨진 진실이 존재한다고 가정하게 만드는 것이 무엇인지를 묻고 있는 것이다. 그는 성현상에 관한 인간학적 소여로부터 출발하지 않는다. 그는 우리의 성욕에 관한 진실 인식의 문제를 해방의 조건으로부터 탐구의 대상으로 이행시킨다.

비판 철학

성현상과 관련된 정치전략에서 억압 모델에 무비판적으로 의존하는 태도를 문제시하면서, 푸코는 자신만의 독특한 '비판 이론'을, 요컨대 철학적 인간중심주의에 대한 그의 거부와 상통하는 비판적 분석의 한 형식을 전개한다. 그 비판 이론의 특징은 '관념적' 자유보다는 '실천적' 자유에 호소하고 있다는 점이다.

푸코의 비판에서 자유는, 우리가 실천적인 것으로 만들어야 하는 하나의 이상이 아니다. 그것은 이미 실천적이며, 사실 매우 구체적이다. 그것은 구체적인 권력 상황 속에서 누가 무엇을 하고자 하는지의 문제다. 그 근본은 만인이 합리적으로 받아들여야 하는 규칙들에 의거한 행동결정능력이나 자율성에 있는 것이 아니라, 오히려 예속에 대한 저항, 묵인에 대한 거부, 요컨대 우리가 자기 자신이나 상대방을 서로 이해하고 통치할 때 매개가 되는 실천들에 자기 자신을 끼워 맞추는 데 대한 거부에 있는 것이다. 구체적인 권력 상황 속에서의 이러한 불복종은 우리가 새로운 삶의 형식 속에서 추상화하거나 제정해야 할 어떤 것이 아니다. 그것은 특수하고 예측불가능하며, 보편적이거나 고정불변하는 것이 아니다. 지배라는 것이 삶의 이상적 형식의 실현을 저해하는 것으로 분석될 수 없는 것과 꼭 마찬가지로, 자유를 삶의 이상적 형식의 하나로 분석해서는 안 된다고 푸코는 생각한다. 따라서 그의 비판은 저항을 더 예리하게 하기 위해 계획된 것이지, 새로운 사회를 세우기 위해 계획된 것은 아니다.

푸코는, 자기가 '관념론' 철학과 관련시켜 생각하는 인간중심주의 및 역사주의를 자신의 비판적 분석으로부터 배제하려고 시도한다. 칸트와 피히테 그리고 헤겔의 유산으로서 하버마스가 추적하는 마르크스와 프로이트의 많은 가설 자체를 푸코는 문제시하는 것이다. 그러나 그는 마르크스와 프로이트로부터 그 어떤 유익한 것도 얻지 못했다고 주장하지는 않는다. 이 두 사람이 아니었다면 푸코 자신의 비판도 없었을 것이다. 어떤 의미에서 마르크스와 프로이트는 비판에 투신했을 뿐만 아니라 현재 우리가 비판에 대해 갖고 있는 그림 자체를 규정해 버렸다. '관념론적인', 또는 인본주의적-역사주의적인 가설을 포함하는 그들의 업적에 쉬이 동의할 수 없는 것은, 그들에게 동의함으로써 그들의 업적을, 고정되고 최종적이며 '토대를 갖는' 것으로 만들어 버리기 때문이다. 그렇게 해서 그들은 재고나 변화의 대상이 되는 것을 면하게 된다. 그들의 작업 가운데 한때는 '비판적'이었던 것이 그래서 이제는 일종의 규범이나 법칙, 즉 최후의 진리나 최후의 해방으로 변하는 것이다. 확실히 푸코에게서 이것은 비판적 '진리'일 수 없다.

우리는 대상화 및 기만의 실천들에 문제를 제기해야 한다. 그러나 또 마찬가지로 마르크스와 프로이트로부터 유래하는 비판 개념 자체에 내재하는 '진리의 정치전략'에도 문제를 제기해야 한다. 비판은 또한 우리 사유의 '진리'에 끊임없는 분석을 가하는 것이다. 푸코 철학의 기획에서 핵심에 자리하는 이러한 의무는, 우리 본성 속에서 우리 경험의 토대가 되는 것이 무엇인지를 규정할 의무가 아니다. 푸코가 자신의 철학적 기획에서 시도하는 것은, 최후의 해방을 상정하는 관념론적 철학을, 끝나지 않는 저항을 이야기하는 유명론적 철학으로 대체하는 것이다.

IV. 철학의 자유

철학자-지식인

푸코 '철학'의 특징은, 그가 '지식인의 윤리'라 명명한 바 있는, 현실참여적인 비종교적 지식인의 목표와 의무라는 관점에서 철학적 문제들을 재고하려 한다는 데 있다. 그는 철학자-지식인이었고, 그의 철학에서 중심 역할을 하는 것은 과학자나 도덕가, 현자, 승려, 작가, 예술가가 아니라 동시대의 사회운동과 예술운동에 끊임없이 문제를 제기하는 지식인이다.

영국에서 지식인은 역사가인 경향이 있고, 미국에서의 지식인은, 적어도 위대한 실용주의의 시대 이후로는 사회학자, 정치학자, 또는 문예비평가인 경향이 있다. 그러나 프랑스에서 지식인은 사르트르를 따라서 철학자인 경향이 있다. 후설, 키르케고르, 비트겐슈타인 그리고 콰인은 모두 중요한 현대 철학자들일 테지만, '지식인의 윤리'가 그들의 철학 수행 자체의 중심에 위치하고 있지 않다는 의미에서는 '지식인'이 아니다.

푸코에게서 철학은 철학자가 아닌 사람들에게, 즉 철학을 직업으로 삼지 않는 사람들에게 의미가 있어야 한다. 철학하기의 핵심은 논쟁과 저항이 다양한 형태의 경험들 속에 존재하는데, 그 경험은 주변에서 새로운 사유 방식들을 끌어내는 일이다. 그의 철학은 그의 유명론적 역사 속에서 문제화되는 경험과 관련된 당사자들을 위한 것이다. 심지어 이러한 역사분석의 '진리'는 새로운 사유를 '자유롭게 해방하는' 데 있다는 것이 그의 철학의 기본 원리라고 말할 수도 있을 것이다. 바로 그것이 푸코가 우리[서구]의 철학적 전통에서 특징적인 '진리'와 '자유'의 관계를 변화시키는 방식이다.

이렇게 해서 푸코는 자기 고유의 철학양식을 창안해 낸다. 그것은 몇 가지 점에서 논쟁적일 수 있다.

1. 그의 철학의 기본목표는 전문 영역에 머무르지 않으며 대학 내에서의 논의를 넘어서서 진행된다. 대학 내에서의 논의를 넘어서는 방식이라고 해서 토대론적 기획에 부수적인 방식인 것은 아니다. 왜냐하면 철학은 지식의 '능력들'을 조직하거나 평가하도록 돕지 않기 때문이다. 철학은 반대로, '철학적' 문제들에 이의를 제기하며 그것에 대해 다시 생각하도록 하기 위해 활용되는 '외적' 문제들의 분석이다.[1)]

2. 그것은 계획강령으로서의 철학이 아니며, 오히려 변화와 끊임없는 재고, 근본적인 문제화를 중시한다. 푸코의 철학은 금세기에 이

---

1) 다음을 참조하라. 『쾌락의 활용』, 우리말역 23쪽, 원서 p. 15. "철학적 담론이 밖으로부터 타인들을 지배하고 그들에게 그들의 진리가 어디에 있으며 그것을 어떻게 찾는가를 말해주고자 할 때, 혹은 순수하게 실증적으로 그들의 옳고 그름을 가릴 수 있다고 자부할 때, 그 철학적 담론은 얼마간은 터무니없는 것이다. 그보다 바로 그 철학적 사고 속에서 철학과는 무관한 지식의 훈련에 의해 변화될 수 있을 것을 탐구하는 것이 철학의 권리인 것이다."

영역을 지배해 온 주요한 '계획들' 중 그 어느 것에도 속하지 않는다고 말할 수 있다. 즉 비트겐슈타인에 의해 변혁되었다고 일반적으로 생각되는 프레게의 계획에도 속하지 않고, 후설이 창시한 뒤 하이데거에 의해 변혁되었다고 일반적으로 여겨지는 현상학에 속하지도 않으며, 빈에서 축출당했으나 영어권에서 수정되고 재정식화된 덕분에 살아남은 논리실증주의의 정치전략에도 속하지 않는다. 또 해석학이나 신헤겔주의 사회학은 물론, '소통의 윤리학'에도 속하지 않는다. 푸코는 자신이 구조주의자였다는 것을 부정하기까지 한다. 그는 어떤 철학적 계획강령을 창시한 것이 아니었다. 그의 작업에서는 점차 철학 전문용어가 등장하지 않게 되며, 그렇기 때문에 어떤 '주의'ism도 그의 이름에 결부되지 않는다.

3. 철학의 '문제들'은 불변하는 자율적 자료체를 형성하지 않으며, 그 문제 자체도 변화를 겪고 역사를 갖는다고 푸코는 가정한다. 그렇다고 해서 이러한 주장이, 철학사상을 지식의 역사[사상사]로 환원시키자는 것을 의미하지는 않는다. '철학의 종말'이라는 낡은 주제를 부활시키자는 것도 아니다. 지식인의 의무가 우리에게 지시하는 대로 외적인 문제들에 눈을 돌리고 그것들에 비추어서 철학적 문제들의 변혁에 대해 끊임없이 재고하는 임무를 규정하자는 것이다.

철학이 역사를 갖는다는 것이 철학적 사색 자체에 중요한 문제로 다가든다는 주장은 주류 분석철학에서 폭넓게 배제되고 있다. 푸코는 그 주장을 칸트에게서 발견해 낸다. 철학자들은 동시대의 사상에 대해 일종의 역사적 진단을 제시해야 한다고 최초로 언급한 사람이 칸트일 것이다.[2] 헤겔과 하이데거 모두 철학사를 철학에서 중요한 것으로 만들었지만, 푸코의 역사 활용방식은 단순히 그 가운데 어떤 것을 받아들이는 것이 아니다. 푸코의 역사탐구가 그저 비철학적이고 비규범적인 작업들에 훨씬 더 세심한 주의를 기울이고 있다는 것이 아니다. 그것은 철학이 한계섬이나 난입점으로서 나타나는 포괄적인 도식이나 이야기들을 푸코가 거부하고 있다는 것만을 의미하지는 않는다(그는 역사에서의 이성의 진보나 형이상학의 종말을 거의 화제로 삼지 않는다). 푸코는 철학전통을 구성하는 어떤 것과 철학적 문제들의 출현 및 변혁을 설명하는 어떤 것에 대한 특수한 사고방식을 만들어 낸다.

푸코가 역사를 철학적으로 활용하는 것은 하이데거류의 '운명'에 따르거나, 보편적 역사 내에서 헤겔류의 거대한 계기를 단언하기 위한 시도가 아니다. 실제로 그는 보편적 역사라는 관념을 부인하며, 그의 작업은 서구사상의 운명에 관한 것이 아니다. 그가 고찰하는 역사들은 오히려 일련의 불연속적인 문제화이다. 그것들은 소규모의 정밀한 외과수술, 즉 철학적 질병을 분리하고, 철학적 난제를 발생시키는 관점 자체를 문제화하려고 시도하는 외과수술이다. 이런 의미에서 그는 비트겐슈타인과 비슷하며, 병에 갇힌 파리에게 탈출구를 알려주려는 듯, 우리 사유방식의 계보에 관한 역사적 탐구를 활용한다.

그는 우리의 철학적 문제들의 원천을 우리 본성, 이성, 또는 우리 세계에 관한 기본적 성격 내에서 찾는 것은 무용하다고 생각한다. 철

---

2) *DE II*, no° 219, "Introduction par Michel Foucault". [또한 다음을 참조할 수 있다. *DE II*, no° 339 "What is Enlightenment ?"("Qu'est-ce que les Lumières?"), 『자유를 향한 참을 수 없는 열망』, 「계몽이란 무엇인가 ?」, 177~200쪽.]

학사에 대한 그의 사유방식은 이러한 '토대'들에 준거하지 않는다. 다양한 원인과 사정들이 철학에 질문과 절차들을 부여해 왔으며, 학자, 승려, 도덕가, 재판관 모두 여기에 공헌해 왔다. 철학이 역사적인 까닭은, 더 낮고 덜 중요한 장소들에서 많은 경우 적대적인 방식으로 끊임없이 논의를 주고받는 사람들 사이로 철학이 이어지기 때문이다. 이처럼 보다 사소한 논의들을 제외시킨다면 철학은 가능하지조차 않을 것이다. 데스튀 드 트라시Desttut de Tracy는 칸트만큼이나 중요한 인물이고, 아무도 기억해 주지 않는 몇몇 경찰관리들 역시 도덕에 대해 흄만큼이나 중요한 공헌을 했을 수 있다. 어떤 철학적 문제를 이해한다는 것은 이러한 낮은 차원의 논의가 철학과 맺는 관계들을 발견하는 것이며, 이렇게 해서 철학은 역사를 획득한다.

그 역사는 따라서 규범적 저작의 구성이나 그것의 해석에만 배타적으로 의존함으로써 발견될 수 있는 것이 아니다. 철학은 끝없는 주석이나 대화를 지향하는 전체론적 규범을 올림푸스 신들처럼 창조하는 것이 아니다. 철학의 기원은 초라한 것이지, 황홀한 명상이나 공평무사한 중재와 같은 고상한 것이 아니다. 철학의 문제들을 이해하는 것은 이러한 원천들을 확인하는 것이다. 그렇게 하기 위해서 저작이나 저자, 장르와 같은 철학적 주해의 '단위들'에 기대서는 안 되며, 더욱이 연구자집단이나 학문 분야의 패러다임 같은 한층 더 새로운 단위들에 기대서도 안 된다. 오히려 자신의 메스를 쥐고 철학자나 사상가들의 글로부터 다른 분야에서의 논쟁이나 토론과 연관된 구성요소들을 절제해 내야 한다. 유산을 재생산하는 것이 문제가 아니라, 현재 유통되고 있는 사유의 일부분을, 그 역사적 계보를 발견함으로써 문제화하는 것이다.

언어는 철학의 전통을 식별하는 데 충분한 도구가 아니고, 하나의 동일한 전통이 몇몇 언어에서 동시에 수용될 수 있다. 언어는 철학적 전통을 위한 좋은 모델이 아니며, 푸코는 '대화'의 비유, 즉 가다머Gadamer가 철학적 전통의 '언이성'이라고 부른 것에 대한 비유를 전혀 이용하지 않는다. 철학의 문제들은 오히려 갈등, 딜레마, 그리고 역설이다.

자신의 사유를 끼워 맞춰야 하는 서구 거대 서사로서의 철학에서 역사는 중요하지 않다. [그러나] 다양한 역사를 가진 다양한 철학적 문제가 있다. 철학자가 역사를 활용하는 것은 구체적 근원을 발견하기 위함이며, 이렇게 해서 자신의 시대와 상황의 관한 철학적 문제들로 확인한 사실을 진단하고 정식화하고 문제화하며, 또 그것을 해명하기 위해서이다. 철학의 역사에 대한 이런 사고방식을 통해 푸코는 지식인의 윤리 내에서 철학의 역할을 규정하려고 시도한다.

푸코가 철학의 역사에 대한 이러한 사유방식을 적용한 두 개의 기본문제가 있다. 지식 또는 과학의 문제, 그리고 주체의 구성이라는 문제가 그것이다. 그가 사르트르에 대해 품은 반대의견 가운데 하나는 사르트르가 이런 문제들과 절충하는 방식을 지식인으로서도, 철학의 측면에서도, 확실히 제공하지 않았다는 사실이다. 이 문제들은 전후 프랑스를 특징짓는 현상학 및 마르크스주의 철학으로부터 탈출하는 푸코 나름의 방법이었다.

보다 일반적으로 말해 푸코가 생각하기에 1930년대에 후설이 소개된 이래로 프랑스철학을 가로지르는 기본적인 분열은, 주체에 구성적 역할을 부여하는 '현상학적' 철학과 그 역할을 부정하는 과학철학 간의 대립이다. 프랑스의 과학철학자 카바이예스Cavailles가 고안한 구별을 채택하여 푸코는 이렇게 주장한다.

> 경험과 의미와 주체의 철학을, 지식savoir과 합리성과 개념의 철학으로부터 분리시키는 하나의 선이 있다. 한편에는 사르트르와 메를로퐁티의 계열이 있고, 다른 편에는 카바이예스와 바슐라르 그리고 캉길렘의 계열이 있다. 달리 말하자면 그것은 현상학이 프랑스에서 받아들여진 두 양식과 관련되어 있다.[3]

이 분열의 중심에 놓여 있는 주체의 문제와 지식의 문제는, 푸코 자신도 끊임없이 재고하고 상호 관련시키게 되는 문제다. 근대 유럽의 모든 언어와 전통 내에서 이 문제에 대한 철학적 논쟁이 있어 왔다는 사실을 보여 주는 것은 어렵지 않다. 그 문제들에 대한 역사를 만들어 내려고 시도하면서 푸코는 독특한 가설을 세운다. 요컨대 주체가 지식의 조건인 것이 아니라 주체에 관한 지식이 주체경험이 구성되는 데 일조하는 하나의 역사적 형식이라는 것이다. 주체는 철학의 발명품이 아니라 철학적 논쟁을 불러일으키기에 충분할 정도로 문제적인, 역사적으로 구성된 추상적 실체이다. 푸코는 그 역사를 검토한다. 그리고 주체의 문제를 소소한 실천들과 지식의 총체라는 관점에서, 요컨대 주체의 문제가 모습을 드러내는 곳의 관점에서 제기한다.

---

3) *DE II*, no° 219, "Introduction par Michel Foucault", p. 430.

그는 우리가 경제, 언어, 생물학을 이해하는 방식의 발전이 어떻게 우리의 유한성에 대한 인식을 강요하는지, 우리의 비정상성들에 대한 새로운 종류의 지식이 어떻게 자율적인 행위 주체로서의 자기 자신에 대한 관념에 이의를 제기해야 한다고 요구하는지, 고백이라는 치료 형식의 도입이 어떻게 우리의 무의식적 자아에 대한 믿음을 우리 안에서 일으키는지, 우리가 우리 자신을 도덕적 주체로 구성하는 절차들을 통해 성현상이 어떻게 문제화되는지 명확히 하려고 노력한다. 우리의 자아개념이 뿌리내리고 있는 사소한 지식과 실천의 총체는 푸코에게서 지식과 주체에 관한 철학적 논쟁의 한 원천이다. 이 총체 속에서 논쟁이 진행되며, 철학적 논쟁은 이 싸움을 계승하고 있고, 그 싸움이 없다면 철학적 논쟁은 실현 불가능할 것이다. 이러한 원천을 발견한다는 것은 이 논쟁에 대한 우리의 이해를 변화시키는 것이다.

『말과 사물』에서 푸코는 철학적 인간학이 "칸트로부터 우리에게 이르기까지 철학적 사유를 지배하고 이끈 기본적인 경향"[4]일 것이라고 선언한다. 이 인간학이 이르는 곳은 우리의 철학적 '잠'이며, 다시 사유하기 위해 우리는 이 잠으로부터 깨어나야 한다. 이런 선언 때문에 푸코는 좋지 않은 평판을 얻게 되고, '인간'은 사라질 수도 있는 최근의 발명품이라고 제안한 데 대해 남은 생애 동안 줄곧 집요하게 몰아세워지게 된다. 그러나 이 문제는 그가 창안한 것이 아니었다. 이 문제는 당시 철학적 논의의 중심에 있었던 것이다. 그는 오히려 이 문제가 어떻게 발생했는지 묻기 위해 역사를 활용하려 한다. 요컨대 '인간'

4) 『말과 사물』, 우리말역 468쪽, 원서 p. 353.

이라는 철학적 개념과 관련해 무엇이 그렇게 문제길래 '인간'의 종말을 고하는 것이 그토록 격렬한 비난을 야기하는 것일까?

이 문제를 물으면서 푸코는 철학의 목표 자체를 재고하려 했다. 왜냐하면 인간학은, '인간' 안에 있는 대체 무엇이 우리로 하여금 다른 모든 학문 분야에 통일성과 기반들을 부여하게 했는지 물음으로써, 철학을 '대학'에 연결시키는 데 기여할 수 있었기 때문이다. 게다가 인간학은 '인간' 본질의 역사적 실현을 돕는다고 하는 지식인의 역할을 정식화하는 데 공헌해 왔다. 인간학의 역사적 원천에 대해 물으면서, 푸코는 이렇게 철학의 아카데믹한 토대론적 모델과, 인간으로서의 의무를 다한다는 윤리의 목적원인론을 문제시하고 있는 것이다.

자유는 사르트르가 자기 철학의 중심에 위치시켰던 개념이며, 더구나 그것은 지식인에 대한 그의 윤리에서 가장 중요한 원리였다. 그러나 푸코의 철학은 지식의 문제 및 주체의 문제를 역사화함으로써 새로운 자유의 개념을 도입하고, 그래서 철학자-지식인의 역할을 변형시킨다. 푸코의 철학에서 가장 중요한 것은 이 자유의 문제다. 그의 철학은 비합리주의, 무정부주의 그리고 허무주의라고 신랄하게 비난받았었는데, 이 극렬한 논쟁의 중심에 있는 것이 바로 이 자유의 문제다.

칸트의 문제

칸트는 근대철학에서의 '지식의 문제'들을 지식의 '가능 조건'들에 대한 문제로 정의했다. 푸코는 이 정의의 많은 부분을 유지한다. 그는, 가능한 객관적 사유의 경계limits 또는 한계bounds를 특정화하려는 칸트의 과제, 또는 진리의 본성을 '대응'correspondence보다는 오히려 '구성'constitution의 관점에서 바라보는 칸트의 정식화를 지속한다. 그는 객관적 담론이 가능한 그런 영역이 어떻게 구성되는지를 묻는다. 그러나 새로운 방식으로 묻는다. 그 물음으로부터 '모든 인간중심주의'를 '제거'하고 담론의 익명적 총체라는 관점에서 그 물음을 제기하고자 한다. 그 물음을 역사화함으로써 이러한 담론의 출현과 변화에 관한 물음으로 바꾸고자 한다. 그 물음을 복수화함으로써 서로 다른 종류의 객관적 지식 또는 객관적 지식의 '영역'들, 그리고 각양각색의 '실증적인 것들'이 존재한다고 가정하려 한다. 존재 가능한 객관적 담론의 각 영역에 대한 역사적 탐구는, 무엇이 그 영역의 한계를 구성하는지 규정하도록 요청받는다.

『말과 사물』 및 『지식의 고고학』에서는 따라서 '역사적 선험성'에 대한 준거, 즉 특정 시간 특정 장소에서 객관적 사유를 가능케 하는, 언제 어디서를 갖는 문장 집합체의 심층 구조에 대한 준거가 발견된다. 푸코가 가정하는 것은, 지식의 조건을 이루면서도 비주관적이고 변화하는, 일종의 선험적 영역이다. 그는 주체 없는 초월성에 대한 하나의 그림을 도입한다. 이런 방식으로 칸트 질문의 초점을 다시 맞추면서, 그는 일련의 새로운 철학적 문제들, 요컨대 준거와 불연속성, 실재론과 공약불가능성incommensurability, 그리고 변화와 관련된 문제들을 도입하는 것이다.

따라서 푸코가 칸트류의 인식철학을 수행하는 새로운 역사적 방법을 고안한다고 말할 수 있을 것이다. 그리고 그 방법은 대단히 독특한 지적 목표를 갖고 있다. 그 방법은 토대론적이기보다는 오히려 비판적이며, 또 인식론적인 만큼 윤리적이기도 하고, 그 방법은 지식을 구성하는 영역에 대한 우리의 참여와 관련된 자유의 문제를 제기한다. 푸코는 가장 역설적인 의미에서의 칸트주의자, 즉 기를 쓰고 비합리주의자라는 악명을 얻고자 했고 또 얻을 수 있었던 칸트주의자이다.

지식에 대한 푸코의 철학이 인식론적인 만큼이나 윤리적인 까닭은, 그 철학이 첫째로 '도덕과학'에, 즉 우리에 대한 지식 혹은 우리 자신에 대한 어떤 종류의 사유방식을 우리에게 부여하는 지식에 적용되기 때문이다. 특히 그 철학은, 지식의 객관성이 우리의 자유에 대한 윤리적이거나 정치적인 물음을 제기하는 사례들에 적용된다.

우리는 이 쟁점을 이미 그의 역사적 작업에서, 예를 들면 정신병에 관한, 또 학문의 성립에 관한 그의 분석에서 보아왔다. 정치적이거나 윤리적인 쟁점이, 광기의 의학적 대상화에 관한 논쟁 속에서 이전부터 제기되어 온 것이다. 그러나 그 문제들은 구체화나 소외에 대한 '인간중심주의적' 어휘로 표현되는 데 그쳤다. 푸코는 그 어휘가 포함하는 헤겔적 가설을 제거하려 한 알튀세르의 시도로부터 영향을 받았다. 그는 일련의 은유를 제거하려 했다. 정신의학과 같은 새로운 형식의 지식과 실천에서 대상으로 간주되더라도, 우리의 본질이 함정에 빠져 있다거나, 억압당하고 있다거나, 위반당하고 있다거나, 외재화되어 있다는 말이 아니다. 오히려 이러한 실천에서 우리가 대상으로 구성될 때(우리가 우리 자신을 주체로서 구성하는 경우들에서와 마찬가지로) 부지불식간에 우리는 지배의 형식들에 참여하는 것이다. 따라서 우리의 자유는 이러한 실천으로부터 소외되어 온, 그리고 아마도 구제될 수 있는 어떤 본성에 있는 것이 아니라, 실천 자체를 문제시하는 우리의 능력에 있다. 익명적으로 대상화하는(그리고 주체화하는) 형식을 갖는 지식은, 우리가 거기에 이의를 제기하고 또 그것을 변화시킬 수 있는 복잡한 참여를 요구한다. 그러나 정신병 같은 경우, 지식을 '객관적'으로 만드는 것(참/거짓을 판별할 수 있는 담론을 갖는 그런 대상에 대한 준거를 확보하는 것)은 지식을 '대상화'하는 것(지식을 지배의 테크닉들에 연결시키는 것)의 일부분이다.

이렇게 해서 푸코는 인식론으로부터 모든 '인간중심주의'를 배제하려 할 뿐만 아니라, 또 개인적이건 집단적이건 간에 그 어떤 선험적 주체도 지식의 기저나 기반을 제공하지 않는다고 주장하려 한다. 그는 윤리로부터도 '인간중심주의'와 선험적 주체를 배제하고자 했고, 또 우리의 자유가 우리 인간의 선험적 본성에서 발견되는 것이 아니라, 우리 인간의 본성을 구성하는 그 익명적 실천들에 이의를 제기하고 그 실천을 변화시키는 우리의 능력들에서 발견된다고 주장하려 했다.

분석론의 전통에서는 전자와 같은 [인식론에서의] 배제가 후자와 같은 [윤리로부터의] 배제보다 더 구미에 맞을 것이다. '인식론'에서 '마음'이 중심적이지 않다고 생각하는 몇몇 주류 입장이 있는데, 이 입상은 스트로슨Strawson이 '선험적 심리학의 신화적 주체'라 부른 것을 거부한다. 실제로 프레게는, 바로 철학으로부터 '심리학주의'를 배제하여 철학을 언어 및 논리의 형식적 분석으로 전환시킴으로써, 분석론의 패러다임을 창시했다고 종종 여겨지고 있다.

그렇지만 분석철학자들은 푸코와 달리 인식론적 고찰로부터 '마음'을 제거하면서도 칸트가 설정하는 기본적인 주지적 목적들은 유지하는데, 다만 그것들을 윤리적 함축들로부터 추상해 내면서 유지한다.

결국 칸트적 주체를 도덕철학에서 마주친다 한들 아무도 놀라지 않으며, 또 여러 주체들이 서로가 누구인지 모르는 채로 계약을 맺는 원초적 입장에 대한 롤스의 논의에서 '선험적 심리학의 신화적 주체'를 발견한다 한들 그 누구도 불평하지 않는다. 이렇게 해서 윤리로부터 주체를 '배제'하고자 하는 푸코의 생각은, 인식론으로부터 선험적 주체를 몰아내고자 하는 푸코의 바람에 동의하는 사람들에게조차 비합리적으로 보였다. 왜냐하면 푸코의 윤리적 배제는, 보편적 도덕률에 복종해야 한다는 합리적 행위주체의 상호적 의무에서 자유를 발견하기보다는, 우리가 도덕적 주체로 구성되거나 스스로를 도덕적 주체로 구성하는 그 실천을 변화시키는 우리의 실질적 능력에서 자유를 발견하기 때문이다.

과학철학에서는 포퍼조차도, 객관적 인식이 가능한 비인격적 영역, 요컨대 인격의 세계로도 사물의 세계로도 환원될 수 없는 '제3의 세계'를 가정한다. 확실히 푸코는 특수한 제도적 실천에 근거한 실제 기록자료들로 이루어진 영역이라는, 보다 '유물론적'인 그림을 제공하는 듯하면서도, 객관성이 비주관적 세계에서 확보된다는 주장에는 동의한다. 합리성에 대한 어떤 역사적 기준을 제공하려고 시도할 때의 라카토슈Lakatos도 유사한 입장을 채택하고 있다.

비인격적 관점에서 객관적 담론의 한계를 규정하는 칸트적 시도의 초점·목표·개념을 푸코가 어떻게 수정하는지 보면, 푸코가 포퍼나 라카토슈로부터 얼마나 멀리 떨어져 있는지를 가늠할 수 있다. 이러한 수정들을 통해 그는 포퍼와 라카토슈가 칸트로부터 물려받은 합리성의 확보라는 기본적인 주지적 목표로부터 이탈하고 다른 목표를 도입하려고 노력한다. 이러한 수정들은 칸트주의자 푸코의 특이성을 구성한다.

첫째로 초점의 수정이다. 푸코가 칸트의 질문을 적용하는 것은 물리학과 같은 기성학문에 대해서가 아니라, 이언 해킹이 '미성숙한 학문'이라 명명한 '전패러다임'pre-paradigm 단계의 지식, 아직 형식적 이론에 의해 지배되지 않고 외적 조건들과 더 밀접히 연결되어 있는 그러한 지식[5]에 대해서이다. 푸코의 주장에 따르면 다양한 종류의 실정성, 또는 다양한 영역의 객관적 담론은 다양한 종류의 철학적 문제를 제기한다. 따라서 그는 학문의 통일성, 또는 그가 '학문의 실정적 위계'라 명명한 바에 의혹을 품는다.

> 학문의 역사는 배타적은 아니더라도 우선적으로 몇몇 '고상한' 학문 분야에 전념해 왔으며, 이때 고상하다는 것은 그 학문 분야 창설의 유구함, 그 고도의 형식화, 수학적으로 처리될 수 있는 적합성, 또 여러 학문들의 실정적 위계 내에서 그것들이 점유해 온 특권적 위치에 의한 것이다. [...] 어떤 학문의 발전이 제기하는 문제가 그 학문이 달성한 형식화의 과정에 필연적으로 정비례하는 것은 아니다. [...] 중간 영역들에서 인식들은 덜 연역적이고 외적 과정에는 더 의존적이며 또 더 오랫동안 상상력의 위광과 연결되어 있다.[6]

5) Ian Hacking, "Foucault's Immature Science".
6) *DE II*, no° 219, "Introduction par Michel Foucault", p. 434.

푸코의 작업은 이러한 '중간 영역'의 지식에 관한 것이었다. 그의 작업이 다루는 사법정신의학과 같은 조야한 학문에서는, 추상적이고 형식적인 이론이 발전의 패턴을 통제하는 것이 아니라, 외적 과정이 훨씬 중요하다. 그가 이러한 학문의 발전에서 발견하는 문제는 따라서 포퍼와 라카토슈의 관심을 끄는 것과 종류가 다르다. 그것은 법칙론적이고 연역적인 추론에 관한 문제나 이론적 평가에 관한 문제가 아니다. 그것은 우리의 자유에 관련된 문제이다. 여러 유형의 지배를 내포하고 있는 실천들에 우리가 참여하는 것과 관련된 문제이다. 그것은 부적절한 신념과 관련된 문제가 아니라 우리를 규정하는 이러한 실천들의 수용과 관련된 문제이다.

이렇게 해서 [두 번째로] 목표의 수정은, 객관적 담론의 한계에 대해 칸트적 질문을 던지는 데 있다. 푸코의 목표는 '경계설정의 기준'을 제공하거나 객관성에 대한 주장들이 정당화되는 때를 규정하는 것이 아니다. 실제 그는 자신이 신뢰하지 않고 회의를 품는 그러한 학문 또는 지식의 총체를 검토한다. 그는 확실히 이런 사례에서 객관성의 한계를 규정하려고 시도한다. 무엇이 정신의학과 같은 지식의 총체에 대한 주장 가능성을 보증하는지 정의하려고 시도하는 것이 아니라, 그 대상의 역사적 우연성을 규정하려고, 즉 그 대상들을 탈실재화 또는 '유명론화'하려고 시도하는 것이다.

마지막으로 무엇을 객관적 담론의 한계로 간주할 것인가에 관한 수정이 있다. 미성숙한 학문에서 객관적 담론의 한계는 방법의 정당화에서가 아니라, 어떤 대상의 구성에서 발견된다. 푸코의 사회과학 비판은 그 공격각이 방법이 아닌 대상에 관한 것이라는 점에서 유명하고, '실증주의 논쟁'이라든지 설명과 이해 간의 오래된 대조에 대해서는 거의 언급하지 않는다. 따라서 예를 들어 무엇이 '정신병'에 대한 객관적 준거를 확보하느냐는 질문은, 형식적 방법이나 이론적 정당화를 둘러싼 질문이 아니라, 객관적 지식이 발생할 수 있는 영역을 규정하는 어떤 복합적인 실천을 둘러싼 질문인 것이다.

바로 이러한 초점 · 목표 · 개념상에서의 수정이, 푸코의 칸트적 질문을 새로운 주지적 틀 속에 위치시킨다. 그는 우리에게 어떤 종류의 담론을 믿을 권리가 있는지를 묻는 것이 아니라, 우리 자신과 중요하게 관련된 미성숙한 지식을 규정하는 어떤 종류의 외적 조건들에 어떤 종류의 실천들이 연결되어 있는지를 묻는다. 그는 이 실천들과 관련해 우연성이라는 관념을 도입하고, 이 실천의 대상들이 실재하는지에 대해 이의를 제기하고자 한다. 포퍼나 라카토슈에게서는 칸트의 합리론 전통에 이러한 목표들이 끼어들 여지가 전혀 없기 때문에, 푸코의 철학은 비합리주의적이라 간주되어 왔다. 실제로 그 철학은 새로운 종류의 문제, 자유에 관한 문제와 관련되어 있다.

푸코의 칸트적 질문은, 학문의 합리적 절차를 옹호하고 편견과 미신을 제거하려는 일반적인 주지적 계획과는 다르다. 그는 물리학과 같은 과학이 이제는 '철학적' 옹호를 필요로 하지 않고, 또 과학자들에게 이론적 평가에 대해 가르치려는 철학자들의 시도에는 어딘지 모르게 가소로운 데가 있다고 생각하는 것 같다. 철학적 반성은 오히려 사회과학의 출현에 의해 야기되어 온 새로운 종류의 문제들에 대해 생각할 때 필요하다는 것이다.

철학에서의 새로운 역할을 규정하는 데 있어 그는 두 방식으로 칸트의 합리론으로부터 멀어진다.

1. 여러 다양한 종류, 다양한 영역의 객관적 담론이 존재하기 때문에, 그것들이 모두 단일한 '이성' 개념에 의해 유지되거나 그것에 '기반을 둔다'고 가정할 필요는 없다. 지식의 기반으로서의 철학적 '이성' 개념을 버린다고 해서 합리적 사유를 위한 모든 능력을 소홀히 하는 것은 전혀 아니며 오히려 그 능력을 확장시키는 것이다. 우리는 비판 기준들의 중요성을 받아들일 수 있으면서도, 또한 우리 자신과 우리의 여러 사회에 관한 지식의 전영역에서 객관적 지식의 가능성은 암묵의 동의를 필요로 하는 실천의 일부라는 것, 그리고 우리는 그 암묵의 동의를 분석하고 또 그것에 이의를 제기할 수 있음을 인식할 수 있다.

2. '이성'을 옹호하는 몇몇 철학들은 지식인으로서의 우리의 의무, 우리가 물음을 던질 필요가 있는 그 의무를 정의하는 데 적어도 한 역할을 해 왔었다. 즉 사회적 유토피아 또는 합리적 사회에 대한 꿈을 만들어 내는 경우, 그리고 이러한 꿈의 실현에 당연히 참가하는 '혁명적' 지식인을 만들어 내는 경우에 철학이 담당했던 역할 말이다. 푸코의 철학은 우리를 저 '이성' 모델로부터 멀어지게 하려는 시도이며, 그의 사회과학 분석은 사회과학의 근원을 폭로하려는 시도이다.

칸트적 물음의 이 새로운 역할을 고안하면서 푸코는, 지식의 총체 내에서, 여러 형식의 지배 속에서, 그리고 윤리적 규범codes이라는 규정된 가정 속에서 주체가 구성되어 온 그 구성 방식을 분석하는 과정에서 '고고학적' 분석으로부터 '계보학적' 분석으로 이행한다.

현상학적 유한성

『말과 사물』은, '인간중심주의'의 기원에 대해 고고학적으로 연구함으로써, 현대철학 속에서 그것을 무효화하려는 푸코의 시도였다. 그것은 '주체성, 인간존재 그리고 유한성에 대한 성찰'이 어떻게 '철학의 기치 및 기능' 자체를 전유하게 되었는지에 대한 비판적 탐구였다. 그것은 '안티휴머니즘'를 뒷받침하는, 즉 모든 현상을 결정하고 그것에 근거를 부여하는 기본적이거나 토대론적인 원리로서의 '인간에 대한 거절'을 뒷받침하는 논증이었다.

그러나 그것은 특수한 종류의 논증이었다. '고고학'과 '계보학' 모두, 푸코가 토대론적 인본주의를 약화시키는 데 역사적 탐구를 활용하려고 고안한 전략들에 붙여진 이름들이다. 둘 모두 인간중심주의를 타파하기 위한 논거를 그에게 제공하며, 안티휴머니즘적 철학을 행하는 그의 적극적인 역사적 방법이다. 그러나 전자에서 후자로 옮겨가면서 푸코는 독특한 정치적 형태의 안티휴머니즘을 분명히 밝힌다.

하이데거의 후기 사상이나 알튀세르의 마르크스 해석에서도 '인간'의 토대론적 역할의 거부, 주체의 구성을 역사적 틀 속에 위치시키려는 시도, 그리고 인본주의를 배제한 새로운 철학의 정식화가 발견된다. 따라서 푸코의 고고학 및 계보학이 이 철학적 전통에 속한다고 말할 수도 있을 것이다. 그러나 계보학으로 옮겨갈 때 푸코는, 알튀세르가 주장하는 바, 주체가 그 안에서 구성되는 틀로서의 '이데올로기' 개념에 이의를 제기하고, 하이데거의 '시적 사유'로의 방향전환은 새로운 정치전략으로 대체한다. 푸코가 말하는 '정치적 안티휴머니즘'의

맹아는 그러나 『말과 사물』의 고고학적 논증에서 이미 발견된다. 요컨대 어떻게 지식의 문제가 인간의 구성적 유한성이라는 관점으로부터 정식화되기에 이르렀는지를 해명하려는 그의 시도에서 그 맹아가 발견되는 것이다.

프랑스와 독일의 근현대철학에서 지식의 한계에 관한 칸트의 질문은 논리나 언어에 관한 문제보다는 오히려 의식이나 실존의 본성에 관한 문제로 재정식화되었다. 초기 저작에서 하이데거는 인간의 '유한한 실존'을 근본적이거나 토대론적인 현상으로, 또 철학을 이 선험적 실존의 분석으로 전화하려고 시도했었다. 모든 현상들은, 그것들이 인간의 실존 및 그 기본 구조들 속에 뿌리를 내리고 있다는 관점으로부터 해석되게 되었던 것이다.

1929년 『칸트와 형이상학의 문제』에서 하이데거는 토대론적 유한성에 대한 자신의 개념이 칸트에 있다고 해석하고, 칸트의 '형이상학의 토대 구축에 관한 질문'을 '반복'하려고 시도했다. 그는 칸트의 논리학 강의에서 네 번째 질문, 요컨대 "인간이란 무엇인가?"라는 물음을 언급한다. 칸트는 이 물음을 자기 철학 전반의 토대라고 말한 바 있다. 하이데거는 이 근본적인 물음을 '인간의 유한성에 관한 질문'으로 해석한다. 그는 지식의 한계limits에 대한 칸트의 물음으로부터, 이러한 물음을 제기할 수 있는 존재자의 본성에 대한 물음으로 이행한다. 이렇게 해서 그는 이 칸트적 물음의 가능성을 우리의 '유한한 실존' 내에서 발견하며, 우리는 우리 이성 및 자유의 한계limits에 관해 묻기 위해 '현재 거기에 존재한다be there'는 것이다.

『말과 사물』에서 푸코도 '인간이란 무엇인가?'라는 칸트의 네 번째 물음이 철학에서 인간중심주의적 전환의 도화선에 불을 붙였다고 여긴다. 그것은 인간의 '유한한 실존'에서 모든 지식의 토대를 발견하려는 시도의 시작이다. 그러나 이 물음을 반복하기보다 푸코는 지식의 고고학에서 이 물음의 근원을 탐구한다. 그 근원들은 인간중심주의적 반성의 근대적 형식과 관련되어 있는 '소수의 고매한 사람들'이 허용하는 그 어떤 것보다도 초라하며, 또 '보다 산문적이고 덜 정신적'이다. 그 근원들은 또한 그 반성이 얼마나 잘못된 것이었는지를 증명한다. 푸코의 주장에 따르면 실제로 "칸트가 경험적인 것과 선험적인 것 간의 분할을 논증한다 하더라도", "인간이란 무엇인가?"라는 칸트의 물음은 "경험적인 것과 선험적인 것 간의 혼동을 야기"[7]한다.

'생각하는 나cogito'의 안에 있는 통일된 사물의 표상으로서의 '관념'이라는 모델로부터 세계 내의 인간 '실존'의 구조라는 모델로의, 선험적 반성에 입각한 이 이행은, 우리에 관한 지식의 양상 내에서의 고고학적 전환에 합치되며, 또 그 전환에 의해 가능해진다는 점을 푸코는 보여 주려 한다.

생명, 노동, 언어에 대한 지식의 근대적 배치가 고전주의 시대의 배치와 대비될 때, '유한성'이 인간과학들의 고고학적 특징으로 출현한다. 그리고 우리는 '유한성'이 어떻게 "지식의 실정성 속에서 예고"[8] 되었는지 알게 되고, 이렇게 해서 '유한성'은 "인간의 실존에 부여할 수 있는 경험의 형태에 의거하여 지시되고 […] 육체를 지니고서 노동

---

7) 『말과 사물』, 우리말역 466쪽, 원서 p. 352.
8) 같은 책, 우리말역 431쪽, 원서 p. 324.

하고 말하는 실존을 이 인간에 부여할 수 있다"[9]는 것을 알게 되며, 그래서 지식에 선험적 토대를 부여하기 위해 이러한 경험적 형식을 이용한 것이 얼마나 잘못된 것이었는지를 깨닫게 되는 것이다.

우리 '근대인'은, 우리가 말하거나 행할 수 있는 모든 것을 제한할 수 있는 '특수한 본성'을 우리 자신이 지니고 있다고 여겨야 한다. 우리 언어는 우리 사유를 제한하고, 우리 노동은 우리의 부나 행복을 제한하며, 우리 생명은 우리 행동이나 우리 의지를 제한하고, 이렇게 해서 우리는 '유한한' 존재자로서, 즉 말하는 자, 노동하는 자, 그리고 유기체로서 구성되는 것이다. 동일한 영역에 관한 '고전주의 시대'의 배치에서 우리는, 자기 세계에서 특수한 장소를 점유하지 못한 채 멀리 떨어진 상태에서 자기 자신에게 자신의 세계를 표상하는 존재자들로 간주되었을 뿐이다. 우리는, 특수한 '실존'이 문제시되는 존재자들로 여겨질 수 없었던 것이다. 따라서 고전주의 시대의 지식 배치 특유의 거대한 분류표를 그려내는 실천에서는 "표상이 존재하는 이유이자 [고전주의적 사유 내에서] 스스로를 표상하는 자, […] '도표화된 표상' 위에서 교차되는 모든 선들을 잇는 그 자는, 그 도표 속에 절대로 현전하지 않는다".[10]

'나'라는 것은 그 도표에 나타나지 않는다. '나'는 자체에 특수한 '본성'을 갖지 않는다. 따라서 '실존의 문제'를 가질 수 없다. '존재하는 나'는 '생각하는 나'로 환원되며, 인간의 '실존' 속에 지식의 '토대를 놓

---

9) 같은 책, 우리말역 436쪽, 원서 p. 329.
10) 같은 책, 우리말역 424쪽, 원서 p. 319.

는다'는 생각은 그 누구에게서도 일어나지 않는다. 이렇게 해서 지식의 표상양식이 우리에 대한 지배 또는 '권력'을 잃었을 때 비로소 철학적 인간학이 생겨날 수 있었다.

> 인간의 분석론으로서의 인간학은 […] 표상이 종합과 분석의 상호 작용을 […] 결정할 힘을 잃었을 때 […] 불가피한 것이 되었다. "나는 생각한다"의 지고성 내에서가 아니라 다른 곳에서 감각적 직관[경험]의 종합이 확보되어야 했다. 감각적 직관[경험]의 종합은 틀림없이 이 지고성이 정확히 한계에 이르는 바로 거기에서, 즉 인간의 유한성, 살아가고 말하고 일하는 개인의 것이기도 하고 의식의 것이기도 한 유한성에서 요구되었을 것이다. 이는 칸트가 『논리학』에서 자신의 삼부작[3대 비판서]에 하나의 궁극적인 물음['인간이란 무엇인가?']을 덧붙였을 때 이미 표명한 것이었다.[11]

유한성이 새로운 종류의 경험적 지식에서 유래하는 것이긴 해도, 모든 지식에 선험적 토대를 제공하기 위해 활용된다. 거기서 "자연이나 교환 또는 담론의 인간을 인간 자신의 유한성에 대한 근거로 내세우기 위한",[12] 그 기이하고 절망적인 시도가 일어난다. 인간은 경험적이면서도 선험적인 자, 존재적이면서도 존재론적인 자가 된다. 이 '이중화'에 근본적인 문제가 있다. 요컨대 '실존의 경험적 형식들'이 모든

---

11) 같은 책, 우리말역 466쪽, 원서 pp. 351~352.
12) 같은 책, 우리말역 467쪽, 원서 p. 318.

지식에 기반을 제공하기 위해 활용된다. 그 결과인 '경험적-선험적 이중체'는 '기이한 형상'을 하고 있는데, 왜냐하면 그 "인간은 자기 안에서 모든 인식을 가능케 하는 바로 그것을 의식하는 그러한 존재자이기"[13] 때문이다. 고고학적으로 보면, 토대론적 인간중심주의는 그러므로 "경험적 내용에 선험적 가치를 부여하거나 경험의 내용을 구성적 주관성 쪽으로 옮겨 놓는 것은 아마"[14] 불가능한 시도인 것이다.

『말과 사물』에서 푸코의 '고고학적' 논증은 그러므로 다음과 같은 형식을 갖는다. (1) 지식의 조건들은, '나는 생각한다'로부터 추론되지 않는 만큼이나 인간의 유한성에 대한 반성에서도 발견되지 않는다. 지식의 조건들은 익명적 담론의 총체가 출현하고 변화하는 가운데 발견된다. (2) 이 조건들은 역사적으로 우연하기 때문에 그것들에 철학적 '토대'나 '기반'을 제공하려는 시도는 무익하다. (3) 토대론적 반성의 대상으로서의 '유한한 실존'으로 돌아서는 것은 사실, 우리에 대한 지식에서 등장하는 방식 내에서, '보다 단조로운' 역사적 변화에 의해 가능해진다. (4) 우리의 유한한 실존에 대한 토대론적 분석은 이렇듯, 포스트칸트적 사유의 근본 문제, 즉 '선험적-경험적' 이중화의 문제나 '경험적 내용에 토대론적 가치를 부여하려'는 시도를 계승하거나 '반복'한다.

철학은 따라서 선험적 본성이라는 개념과, 거기서 지식의 조건들을 발견해 내려는 시도를 포기해야 한다. 철학은 유한성에 대한 어떤

13) 같은 책, 우리말역 437쪽, 원서 p. 329.
14) 같은 책, 우리말역 348쪽, 원서 p. 261.

분석을 시도하기보다는 오히려 어떤 역사적 실천들을 통해 '유한성'이 하나의 문제를 구성하게 되었는지 물어야 한다. 유한성은 근본적 존재론을 위한 기회가 아니라 어떤 역사적 분석의 출발점이어야 한다. 우리가 '세계', '신체', '타자' 등과 맺는 '근본적' 관계를 물을 것이 아니라, 이 관계들이 어쩌다가 철학적 분석을 우선적으로 필요로 할 만큼의 문제계가 되었는지를 물어야 한다. 고고학은 이렇게 철학의 역할을 변화시킨다. 우리는 어떻게, 우리를 '유한한 존재자들'로 구성하는 담론 조직에 연루되가에 대한 비판적이고 역사적인 분석으로 말이다.

하이데거를 따라, 가다머는 유한성을 전통 내에 처해 있음으로 해석하려 했다. 푸코는 유한성을 단지 특정 전통 내의 개념으로, 즉 특정한 지식의 배치 속에서 문제로 구성되는 개념으로 해석한다. 이렇게 그는 철학적 전통에 관한 다른 사고방식과 철학의 새로운 역할을 도입한다. 말하자면 주체의 구성을 겸허하고 '단조로운' 역사적 맥락 속에 위치시킴으로써, 지식, 도덕, 문화의 토대로서의 주체를 무효화하는 논증, 즉 고고학적 분석을 통해서 말이다. 이러한 분석의 정치적 요점은 '계보학적' 방법에 의한 분석 내에서 발견된다. 앞으로 보게 되겠지만 이 분석은 자유 개념을 포함하는데, 이 자유 개념은 사르트르가 하이데거의 근본적 존재론을 자기화함으로써 철학적·지적 쟁점으로 변화시키려 한 개념이다.

『말과 사물』에서 이미 사르트르가 지식인의 역할을 규정하기 위해 이용했던 자유 개념을 '탈인간중심주의화'하려 한 시도를 발견할 수 있다. 왜냐하면 지식의 양식樣式에서의 이 전환을, 그에 대응하는 자유에 대한 개념들의 전환에 연결시킬 수 있기 때문이다.

고전주의 시대의 지식 배치에서 우리는, 자신이 세계에 대해 갖는 표상들을, 즉 세계 내에서의 자신의 행동들을 '자유롭게' 처리했었다고 말해도 좋을 것이다. 고전주의 시대 세계에서 우리 인간의 본성은, 우리의 자유로운 표상능력을 제한하는 것으로 이해되지 않았다. [여기서] 합법적 국가는 자유로운 주체들의 자기표상으로 묘사될 수 있을 것이다. 말하고 생활하고 노동하는 존재자로서의 우리의 특수한 본성에 관한 문제들 때문에 자기 규제 개념이 불명료해지지는 않는다. 우리가 주체로서 구성된다고 하는 정치적 문제는 전혀 존재하지 않는다. 우리의 언어와 노동과 신체가, 우리가 느끼지 못하고 또 변화시킬 수 없는 방식으로 세계에 대한 우리의 기술記述 자체와 우리의 행동을 규정할지도 모른다는 의혹은 전혀 존재하지 않는다.

고전주의 시대에 자유의지의 문제는 '생각하는 나cogito'로부터 우리의 표상들을 창시하는 것과 관련된 문제이지, 이 세계로부터 우리의 '독자적 선택'을 통해 던져지는 곳으로 기투하는 문제가 아니다. 유한성을 손에 넣을 때 우리가 획득하는 것은 새로운 종류의 정신적, 지적 문제이다. 요컨대 우리가 자기기만에 빠지진 않았는지 늘 회의해야 하고, 또 우리가 무엇을 행하고 생각하는지에 대한 진실된 기술記述들이, 우리가 체계적으로 오해하고 있는 경제학, 언어학 또는 생물학 등의 질서에 속하진 않는지 늘 의심해야 하는 것이다. 우리의 문제는 "인식connaissance의 가능성이 아니라 근본적인 몰이해méconnaissance의 가능성"[15]이 된다. 철학에서 인간중심주의적 전환은 자유에 대한 인간중심

---

15) 같은 책, 우리말역 443쪽, 원서 p. 334.

주의적 정의를 포함한다. 말하자면 우리가 유한하다는 본성을 갖는다는 관점에서 자유라는 것을, '확실하게' 받아들이는 법을 배워야 할 우리 본성적 한계로 볼지, 아니면 우리 사회 전체의 변혁을 통해 극복해야 할 우리 본성의 근본적 '소외'로 볼지를 정의하려는 시도를 포함하고 있는 것이다

이렇게 자유는, 『말과 사물』이 유토피아 사상의 변화에 관한 논의에서 의문을 제기하는 새로운 지적 작업을 정의한다. 고전주의 시대의 유토피아는 모든 것이 거대한 '표상의 일람표'에 꼭 들어맞는 이상적 기원에 관한 몽상이었다. 19세기에 유토피아는 우리의 유한성이 드러날 역사의 종말을 상상하는 하나의 방식이 된다. 리카도의 '비관주의'와 마르크스의 '혁명에 대한 희망'은 모두 구성적 유한성의 관점에서 역사를 이해하려는 시도다.

> 극적 사건, 망각, 소외의 모든 가능성을 갖는 생성의 경과는 인간학적 유한성 속으로 흘러들고, 반대로 인간학적 유한성의 명백한 표현은 소외의 모든 가능성에서 발견된다. 유한성의 진실은 시간 속에 자리하고, 그러므로 시간은 유한하다. 세계의 시초에 대한 꿈이 분류의 사유에 대해 유토피아였던 것과 마찬가지로, 역사의 종말에 대한 폭넓은 몽상은 인과성의 사유에 대해 유토피아이다.[16]

『말과 사물』에서 푸코는 우리 19세기의 유토피아적 상상력을 '탈

16) 같은 책, 우리말역 365~366쪽, 원서 p. 275.

인간중심주의화'하려 했으며, 우리의 희망과 '우리의 본질을 실현하는 것'을 분리시키려 했고, 우리의 자유를 우리 본성에 관한 철학적 가정들로부터 분리하려 했다. 그는 역사의 종말이라는 주제가 인간중심주의에 근거한다는 사실을 폭로함으로써 그 주제에 이의를 제기한다. 그는 [지금 이] 세계로부터의 기투로서의 자유라는 사트르트적 모델로부터, '우리 세계'라는 개념을 우리에게 부여하는 형식들의 역사적 문제화라는 모델로 우리를 이동시킨다. 이는 니체가 선동하는 정치적 변화를 필요로 한다. 니체야말로 "우리를 위해 […] 변증법과 인간중심주의가 뒤섞인 약속을 제거해 버린"[17] 장본인이다.

니체의 정치전략

니체의 계보학 개념에 관한 푸코의 1970년 논문도 그렇고, 그가 자신의 역사적 탐구에서 '계보학적' 전략을 채택했던 것도 모두, 그가 그때까지의 자신의 몇몇 가정들을 재고하려 했던 시기에 나타난다. 그는 니체에 관한 해설을 제시하는 데 그치지 않고, 자기 작업에 대한 재고와 재정식화를 위해 니체를 활용한다. 이러한 활용은 적어도 그의 해설의 초점을 결정하며 또 그 일부로 생각될 수도 있을 것이다. 왜냐하면 계보학을 '행함'으로써 그는 자신의 계보학 개념을 예증하고 있기 때문이다.

푸코가 니체의 활용/해설로 끌리는 원인이 된 문제들의 핵은 정치

17) 같은 책, 우리말역 366쪽, 원서 p. 275.

적이며, 그 정치적 핵은 다음과 같이 물음으로써 설정되는 것 같다. 요컨대 주체를 철학적으로 문제화하는 것의 정치전략은 무엇인가? 현실 참여 지식인들에게 안티휴머니즘적 철학은 어떤 의미에서 정치적 중요성을 갖는가? 푸코에게서 이 정치적 역할을 담당하는 사람은 니체다. 즉 니체는 『즐거운 학문』에서 지식의 문제를 권력에 관한 문제로 바꿔 버리고 "지식에의 의지"에 대한 역사적 분석에서는 정치적 지식인을 위한 모델을 제시한다.

니체의 계보학에 관한 푸코의 활용/해설에 적어도 하나의 전략이 있다고 추측할 수 있을 것이다. 요컨대 니체 철학을, 특히 그의 안티휴머니즘을 '탈나치화'하려는 시도, 즉 거기에 다른 종류의 정치적 해석을 부여하려는 시도 말이다. 하이데거와 니체, 이 위대한 안티휴머니즘 철학자들은 모두 나치 사상가들에 의해 활용되어 왔는데, 하이데거는 정치적 지식인으로서의 푸코를 크게 고무시키지는 못했다. 하이데거와 니체의 사상에서 나타나는 안티휴머니즘적 요소는 종종 개인의 자유에 대한 일종의 전체주의적 거부라고 비판받았다. 푸코는 니체를 새로운 종류의 자유를 이야기하는 철학자, 전체주의 국가의 정치전략에는 전혀 존재하지 않는 새로운 종류의 정치전략을 이야기하는 철학자로 만든다.

푸코는 자신의 니체적 작업 또는 '계보학적' 작업 가운데 이러한 자유 개념을 만들어 내는 데 공을 들인다. 지배의 종말로서의 자유가 아닌 지배 실천들 내의 저항으로서의 자유, 또 억압이나 이데올로기적 기만으로서의 지배가 아니라, 그 누구도 지휘하거나 통제하지 않지만 일어날 수 있는 행동의 분산 대형隊形들로서의 지배라는 개념을 말이다. 바로 이런 방법으로 그는 안티휴머니즘적인 틀에서 정치적 자유라는 개념을 고안해 낸다. 자유에 대한 하이데거의 성찰은 명철한 정치적 개념이 되지 못했지만, 니체의 계보학을 활용하고 해설하면서 푸코는 자유의 정치적 개념을 발견하게 된다.

앙리 비로Henri Birault가 상세히 기술하는 바에 따르면, 자유에 대한 하이데거의 사유를 사르트르가 근본적 선택 및 기투라는 관점에서 해석했을 때 그는 그것을 체계적으로 오독한 것이었다.[18] 후기 하이데거에게 자유는 주관적인 것이 아니다. 하이데거가 말하는 자유는 한 시대에서 사유와 행동의 다양한 가능성들을 '밝히는 것'이다. 『말과 사물』에서의 푸코는 하이데거에 더 가깝다. 하이데거의 안티휴머니즘에 이끌린 푸코는, 담론의 새로운 가능성이나 새로운 '실정성들'의 익명적 '출현' 또는 '나타남'이라는 개념을 이야기하면서 그와 유사한 길을 간다. 담론의 이러한 영역들의 출현에 관한 그의 그림은 하이데거의 '밝힘' 개념과 연결되며 푸코가 자유의 원천을 찾아내는 것도 또한 이 담론체들의 우연성 속에서이다.

따라서 『말과 사물』과 하이데거가 공유하는 문제는, 선택이나 집단적 활동을 수반하지 않고 자유롭게 '출현하는' 이 담론체들의 구성 상태들과 관련해 무엇을 해야 하는지에 대한 정치적 문제이다. 하이데거의 경우 '소크라테스 이전' 사유를 회복하여 다른 종류의 시적 사고를 발견하려 시도한다. 그러나 푸코는 자신의 안티휴머니즘이 정치적

---

18) Henri Birault(앙리 비로), *Heidegger et l'expérience de la pensée*(『하이데거와 사유의 경험』) (Paris: Callimard, 1978), p. 445 이하.

지식인으로서의 자기 활동에 도움이 되기를 바랐다. 그는 자신의 고고학적 혹은 계보학적 탐구가 비판적 목표를 갖기를 바랐다. 요컨대 우리의 정치적이고 문화적인 삶 속에서 주체성의 문제를 둘러싼 저항과 논쟁을 위한 어떤 분석을 제공하고자 한 것이다. 그래서 그로서는 안티휴머니즘을 비판적으로 만들 방식이 필요했고, 역사적 우연[에 의한 것]으로서의 자유 개념을 우리가 실제로 행하고 비판하고 변화시킬 수 있는 어떤 것과 연결시킬 방식이 필요했다.

'인간과학의 고고학'은 정치비판의 형식으로서는 상당히 추상적이고 불확실한 채 남아 있다. '인간'이 모래와 같은 불연속성 속에서 소멸하려 하고 있다는 예측은(설사 그 예측이 정당하다고 입증된다 해도) 비판으로서는 강력한 형식이 아니었다. 그것이 시사하는 바는, '인간'이 더 이상 근본적 역할을 담당하지 않는 완전히 새로운 방식의 사유와 행위를 고안하는 것 외에 우리가 '인간'과 관련해서 할 수 있는 일은 아무것도 없다는 것이다. 실제로 그 책에 나타나는 푸코의 성찰들에서 비판적 부분을 지탱하는 것은 수사修辭와 서사이며, 모든 것이 변화하려 하는 어떤 거대한 격동의 시기에 우리가 살고 있다는 심상이다. 이를 두고 비판이라고 하긴 좀 그렇다. 고고학에서 계보학으로의 이행은 안티휴머니즘을 보다 구체적이고 보다 비판적이며 보다 정치적으로 만들려는 시도였다. 예를 들면 형무소 반란에서의 너무나 보잘것 없고 구체적인 요구들을 분석했던 경우에서처럼 말이다.

푸코의 계보학으로의 전환에서 가장 중요한 것은 지식의 여러 총체와 지배의 테크닉들 사이의 연결고리들을 분석하려는 시도, 또 그런 '지식-권력' 내에서의 봉기 또는 저항이라는 관점으로부터 새로운 비판 개념을 전개하려는 시도였다. 감옥에 대한 그의 저서에서 주체의 역사적 구성이라는 문제는 단지 지식에 관한 것만이 아니라 권력에 관한 문제가 된다. 주체의 문제가 실천 및 권력의 관점에서 분석된다면 그 문제와 관련해 무엇을 해야 할 것인가 라는 논점도 또한 실천적이고 정치적인 것이 된다. 결과적으로 인간중심주의의 임박한 종말에 대한 예측으로부터 상상할 수 있는 것보다도 훨씬 더 인간중심주의는 다루기 어려워 보이게 되었지만, 실천적으로 봤을 때는 그 문제에 대해 우리가 할 수 있는 뭔가가 존재한다는 의미에서, 인간중심주의는 역사적으로 훨씬 눈에 덜 띄게 되었다.

푸코가 니체의 계보학을 받아들인 이 시기 동안 그는 이렇게 해서, 자신이 '부정적' 권력 모델이라 부르는 것 안에 집약된, '정치전략'이라는 분명치 않은 개념을 포함한 몇몇 가설에 대해 다시 생각해 본다. 배제 또는 금지로서의 권력 개념에 무비판적으로 의존하는 태도를 거부하면서 푸코는 지식과 연계된 실천적 테크닉들의 총체로서의 지배 개념 쪽으로 옮겨가고, 또 지배에 의해 배제되는 것으로서가 아니라 지배 내에서의 실천적 저항 가능성으로서의 자유 개념 쪽으로 옮겨가게 된다. 그리고 이에 따라 정신의학을 비판하고 담론에 초점을 맞췄던 '정치전략'을 변경 혹은 재고하게 된다.

많은 사람들이 그의 초기저작에서 광기에 대한 일종의 낭만주의를 발견하곤 했었다. 마치 그가 그 출현과 변화를 분석하려 했던 정신의학의 실천에 의해 소외되거나 배제되어 온 광기가 좋음 그 자체라도 되는 것처럼 말이다. 광기를 정신의학 바깥에 있는 자유의 영역이라고 생각할 정도로 정신의학 비판은 향수 또는 계시의 형태를 취했다. 일련의 실천 속에서 저항으로서의 자유 개념 쪽으로 이행하면서 푸코는 이런 종류의 비판을 버리게 된다.

지식을 역사적으로 분석하기 위한 틀로서 담론에 주목했을 때, 거기에는 일종의 '관념론'이 있었다. 그러나 실천의 중요성을 역설하기 시작하면서는 그에 응하여 자신의 지식 분석 모델로서나 그 대상으로서나 언어를 거부하게 된다. 특히 담론을 강조한 결과, 우리 시대의 새로운 인간과학에 대한 명백한 역사적 사실을, 즉 인간과학이 새로운 종류의 '정책', 새로운 종류의 행동, 일을 해 나가는 새로운 방식과 맺는 관계를 제대로 평가할 수 없게 되어 버렸다. 실제로 우리는 콩트와 마르크스 그리고 듀이에게서 그 변화에 대한 명확한 철학적 알림을 발견할 수 있다. 이들에게서 지식은 경험이나 담론을 인식적으로 질서화하는 것으로 이해되는 것이 아니라, 우리가 행하는 어떤 것, 집단 행동, '삶의 양식'으로 이해되고 있다. 바로 이런 철학들 속에서 우리는, 진리를 '보증된 주장 가능성'으로 대체하고 데카르트적 '관객'을 연구자 공동체로 대체하려는 철학적 시도들을 발견할 수 있다.

니체 및 계보학으로 전환하면서 푸코는 지식의 이러한 '실천적' 개념을 주체의 구성에 관한 물음에 적용한다. 그는 인간과학을 단순히 몇몇 담론체로서만 분석하지 않게 되었다. 우리가 누구인지를 새로운 방식으로 규정하고 새로운 종류의 참여를 우리에게 요구하고 그래서 마침내는 국가의 성질을 변화시키는 그러한 행위들을 하는 거대하고 제멋대로 뻗어져 나가는 방법들로서의 인간과학을 분석하게 된 것이다. 이렇게 해서 실천 개념은 그의 초기저작에서의 언어적 관념론으로는 분석할 수 없었던 지식의 새로운 정치전략을 도입한다.

계보학은 지식의 문제를 권력 및 자유를 둘러싼 문제로 변화시킨다. 즉 진리는 "이 세상에서 나오는 것"이 되며 "그것은 권력의 주기적인 효과를 유도"[19]하는 것이다. "정치적으로 중요한 문제는 오류, 환상, 소외된 의식, 이데올로기 등이 아닙니다. 문제는 진리 그 자체입니다. 따라서 니체가 중요해집니다."[20]

니체의 『도덕의 계보』는 우리 자신이 거기 나타나고 또 참여하는 진실된 담론의 '정치전략'에 하나의 모델을 제공한다. 거기서는 어떤 유명론이 도입되는데, 그 유명론은 어떤 특정 도덕심리학을 주어진 것으로서 받아들이기 위한 것이 아니라, 사람들이 특정 도덕심리학을 받아들이고 응용하게 될 때 매개가 되는 실천을 분석하기 위한 유명론이다. 이렇게 해서 푸코는 그리스도교에서의 육욕 개념이나 데카르트에게서의 코기토 개념을 고백 실천 및 명상 실천의 맥락에서 분석할 때, 또 개인 개념을 개별화하는 규율 실천의 맥락에서 분석할 때, '계보학'에 몰두하는 것이다. 따라서 계보학은 우리가 주체로 구성됨으로써 실천의 배치 속에서 어떻게 종속화되느냐는 문제를 도입하고, 그러므로 동시에 자유의 정치전략을 도입하며, 우리는 그 정치전략의 실천들 역시 비판해야 한다. 『즐거운 학문』은 보편적이고 자연스러운, 혹은 '현실에 기반을 둔' 것으로서 제시되는 경험형식들의 측면에서 우리를 유명론화시키고 따라서 우리를 자유롭게 하는 비판이다. 따라서 푸코가 "니체는 권력의 철학자이지만, 권력을 사유하기 위해 어떤 정치이론

---

19) 「진리와 권력」, 『푸코와 촘스키, 인간의 본성을 말하다』, 213쪽(*DE II*, no° (*DE II*, n° 192. "Entretien avec Michel Foucault", p. 158.

20) 같은 책, 216쪽(*DE II*, p. 160).

내부에 스스로를 가두지 않고도 권력을 사유할 수 있었던 철학자"[21] 라 말할 때, 니체의 실제 정치적 견해나 발언을 염두에 두고 말하는 것은 아니다. 어떤 정치이론도 없이 권력을 이해한다는 것은 새로운 종류의 정치적 문제와, 철학이 담당할 새로운 종류의 정치적 역할을 도입하는 것이다. 즉,

1. 고전 정치이론은 주권이 어떻게 주체=신민으로부터 구성되었는지를 물어왔지만, 계보학은 우리가 주체=신민으로 구성됨으로써 어떤 정치적 결과가 초래되었는지를 묻는다. 니체가 도입하는 것은 국가와 국가기구에 관한 철학이 아니라 우리의 '자기통치' 형식들에 관한 철학이다.

2. 정치이론의 목적은 줄곧 기성의 정치 질서든 앞으로 실현되어야 할 정치 질서든 그것에 어떤 철학적 토대를 부여하는 것이었지만, 니체가 도입하는 것은 토대가 없는, 즉 역사적으로 우연한 자기통치의 형식들에 관한 분석이다.

3. 정치이론은 정치제도들의 '학문적' 분석을 야기해 왔었지만, 계보학은 이 제도들과 관련된 참된 담론에 대한 정치전략을 분석한다. 그래서 예를 들어 푸코는 19세기에 '정치경제학'이라 명명된 학문의 원천을 행정업무나 빈곤 관리에서 찾는다.

요컨대 계보학적 철학의 '정치전략'은 국가 및 국가제도에 관한 비판이 아니라, 우리 자신과 우리 경험을 생각하는 새로운 방식들을

---

21) *DE I*, n° 156, "Entretien sur la prison : le livre et sa méthode", p. 1621, 영역, Power/Knowledge, "Prison Talk", p. 53.

시작하는 비판이며, 그 어떤 국가도 이를 무시할 수 없다.

'이 진리의 정치전략', 이 정치적 안티휴머니즘은 그러나, 반계몽주의적 향수나 현대 민주주의 사회에 대한 비합리주의적 거부는 전혀 아니다. 왜냐하면 이 향수나 거부의 배후에는 나치 이데올로기가 이용하는 일종의 '낭만주의'가 놓여 있기 때문이다. 이 정치적 안티휴머니즘이 열렬히 희구하는 종류의 자유는, 솔기 없는 사회적 전체성 속에서 확고한 위치를 확보하려는 "낭만주의적" 이념과 양립할 수 없다.

지독하게 비체계적인 사상가였던 니체는 매우 다양한 종류의 추종자들을 매혹시켰다. 그의 철학이 활용된 한 가지 방식은, 퇴니스Tönnies에서 베버에 이르는 독일사회학에서 결정적 역할을 했던 역사 모델, 즉 합리화와 근대화를 연결해 이 둘을 전체론적 전통 사회와 대비시키는 모델의 발전에 기여하게 된 것이었다. 그래서 이성을 근대화와 짝지우고 비이성을 전통과 짝지우는 틀에서 지식에 대한 철학을 재해석할 수 있었다. 예를 들어 루카치Lukács가 이런 관점에서 니체를 논한다. 이 틀에서 보면 '지식에의 의지'에 대한 니체의 논의는, 전통 사회로의 반동적 향수를 불러일으키는 근대 계몽사회 거부로 나타난다. 실제로 푸코의 계보학 역시 이제껏 그런 반근대주의 및 비합리주의와 혼동되어 왔다.

그러나 체계적 기반으로서의 이성 개념에 이의를 제기할 때 푸코는, 자신이 근대적 민주주의제도나 근대적 경제제도를 거부한다고 생각하지 않는다. 그는 '지식에의 의지'에 대한 니체의 분석을 근대 사회와 전통 사회라는 사회학적 틀에서 해석하지 않는다. 그는 근대성과 이성에 관한 독일사회학의 거대한 논쟁을 지지하지 않고(또 니체 철학은 그럴 필요 없다고 그는 생각하며), 오히려 이 논쟁이 진행되어 온 관점 자체를 문제시한다.

'지식에의 의지'를 분석하는 것은 근대사회 전체에 반대하는 것이 아니다. 사람들은 보편이성의 진전이라는 관점에서 근대화를 이해하려는 이론이 갖는 역사적 역할에 대해 물을 권리를 갖고 있다. 하나의 현실적인 역사적 가설로서의 근대화 이론은, 증가 일로에 있는 변칙들에 대처해야 했다. 그러나 '철학'으로서 그 이론은 '서양 이성'의 전개를 전 지구로 확산시키려는 제국주의적 시도 속에서 어떤 역할을 담당해 왔고, 발길이 닿는 곳마다 '이성'을 심는 것을 백인의 책무 또는 공산주의자들의 의무로 여기는 통일된 좋음으로서의 '이성'에 대한 그림에 기여해 온 것이다. 푸코가 주장하는 바는, 우리가 모든 합리적 사유를 잃지 않아도, 우리의 민주주의제도를 파괴시키지 않고서도, 또 우리의 경제를 파산시키지 않고서도, 저 '이성' 개념을 포기할 수 있다는 점이다.

'지식에의 의지'의 '무조건성'과 '보편성'에 대한 니체의 맹비난을 푸코는 이성과 근대성에 대한 거부로 읽지도 않고 모든 지식을 정치적 조작으로 환원하는 것으로 읽지도 않으며, 다만 하나의 역사 활용으로 읽는데, 거기서 철학은 도덕적 중재자나 대리인으로 여겨지지 않는다. 단일하고 통일적이며 보편적인 이성의 형식은 결코 존재하지 않으며, 다만 객관성을 확보해 주는 실천들에 우리가 참여하는, 복잡하게 얽힌 역사가 있을 뿐이다. 니체의 철학은 그 역사의 정치적, 철학적 중요성을 우리에게 교시한다.

따라서 푸코가 볼 때 '지식에의 의지'에서 '의지'는 구성적 원동력이 아니다. 그것은 민중이나 국민 또는 인종의 의지라는 의미가 아니다. 그것은 말로 표명되지 않는 행동체계 속에서 약간의 사람들이 다른 사람들을 지배함과 동시에 많은 사람들이 행동하고 서로 투쟁하는 것을 말한다. 이러한 다수의 서로 다른 의지가 존재하며, '지식에의 의지'를 분석한다는 것은 그 다수의 의지가 어떻게 출현하고 변화하는가를 분석하는 것이다. 따라서 자유는 '역사' 속에서의 '이성'의 원동력이 아니라, 우리에 대한 지식과 관련한 '진리의 정치전략'에서의 투쟁인 것이다.

니체는 자유의 문제를 우리 자신에 관한 진리획득의 문제로부터 분리하는 철학자이며, 이러한 진리의 억압적 지배의 역사를 분석함으로써 그 억압적 지배로부터 우리를 해방시키려 하는 철학자다. 푸코의 계보학은 그 니체 철학의 연장선상에 있다.

자유의 문제

자유의 문제는 암묵적이더라도 푸코가 시종일관 제기하고 있는 문제다. 자기 작업에 대해 스스로 이야기하는 데서도, 또 그 작업에 대한 이차 문헌에서도 그 문제는 명료하게 나타나지 않는다. 그래도 나는 그가 행하는 작업 속에서 그 문제가 발견되며, 철학의 새로운 역할을 '지식인의 윤리'에서 찾는다는 것이 그 문제의 원동력이 된다고 주장하고 싶다. 이 자유의 문제는 칸트의 토대론적 문제를 우리의 대상화와 주체화에 관한 비판적 분석 쪽으로 옮겨 놓는 데서 발견된다. 그 문제는 유한성의 문제에 대해 그가 행하는 '고고학화' 속에서 발견된다. 또 그 문제는 진리의 정치전략에 대해 그가 행하는 '계보학적' 정의에서 발견된다. 주체를 문제화하기 위해 그가 행하는 역사 활용 자체가 자유에 관한 문제를 제기한다.

푸코가 고안하는 것은 우리 자신에 관한 우리 경험 또는 우리 주체성을 '자유롭게' 하려는 철학이다. 푸코의 시도는 자유 개념과 진리 개념 사이에서 우리 철학 전통에 깊이 뿌리내리고 있는 여러 상호관계를 변화시키려는 시도, 근대적 경험에서 주체성을 문제화하기 위해 하나의 분석을 제시하려는 시도이다.

이 새로운 종류의 철학에서 중심 주제를 추출하기 위해 우리는 실제 자유와 말뿐인 자유를 구별해야 한다. 모든 제도화된 자유 개념에 우리는 유명론적 역전을 적용하고, 그 역전이 나타나는 보다 넓은 실천을 규정하려 시도한다. 이때 그 실천은 우리의 '진짜' 자유를 포함하며, 제도화되거나 보증될 수 없는 반사회적인 어떤 것이다. 그러므로 우리의 실제 자유는, 우리에 관한 진실된 이야기들을 말하고 어떤 전통이나 윤리규범 속에서 우리 자리를 발견하며, 우리 행동을 보편 원리들에 따라 완전히 결정하는 데 있는 것도 아니고, 자기와 맺는 진정한 관계 내에서 우리의 실존적 한계들을 수용하는 데 있는 것도 아니다. 반대로 우리가 '진짜로' 자유로운 까닭은 우리에 관한 이야기들이 참이 되는 절차와 형식을 식별하고 변화시킬 수 있기 때문이며, (오직) 특수한 종류의 행동만을 가능케 하는 체계에 문제를 제기하고 변경할 수 있기 때문이고, 또 우리가 따라야 하는 '진정한' 자기관계라는 것은 결코 존재하지 않기 때문이다.

형식적으로 보증되는 자유들은 언제나 어떤 우발적인 역사적 실천에서 나타나며, 그 실천은 우리가 실제로 자유롭게 분석하고 이의를 제기하며 변화시킬 수 있는 목표들을 부과한다는 의미에서 '정치적'이다. 형식적 자유들은 우리의 실천적 자유에 의해 가능해지는 어떤 행동체계 내의 유명론적 구성요소이다. 유토피아 사상이 우리의 형식적 자유가 진짜 자유가 되는 세계에 관한 몽상이었다면, 유명론적 역사는 우리의 형식적 자유가 갖는 유명론적 성질을 폭로함으로써, 우리의 진짜 자유에 공헌한다. 따라서 이러한 역사는 그야말로 인간중심주의에 대한 적극적 도전이다. 인간중심주의는, 진짜 본성 혹은 실현되어야 할 본성을 우리가 갖기 때문에 자유롭다는 생각을 수반하지만, 유명론적 역사가 가정하기로 사실 우리의 '본성'이라는 것은, 우리를 다양한 정치조직체 또는 집단으로 분류할 때 참고하는 우리의 특색들일 뿐이다. 우리의 진짜 자유는 우리의 본성을 구체화하는 정치조직체를 흐트러뜨리거나 변화시킬 때 발견되며, 또 그런 의미에서 이 자유는 반사회적 혹은 반체제적이다. 그 어떤 사회도 그 어떤 정치조직체도 이 실제 자유를 기반으로 할 수는 없었던 것이다. 왜냐하면 이 자유는 끊임없는 변화 가능성에 있기 때문이다. 우리의 진짜 자유는 따라서 정치적이다. 비록 그것이 완결될 수 없고 입법 불가능하며 또 우리 본성에 근거하지 않는 것이긴 하지만 말이다.

푸코 철학은 이 진짜 자유에 대한 비판적 호소이다. 그의 철학이 구하는 '진리'는 따라서 과학의 다양한 진리와는 종류가 다르다. 철학에서의 탐구는 지식의 체계적 수집 이상의 것이 된다. 그 탐구는 비판이다. 지식을 위한 토대들을 놓거나 이론을 정당화하거나 또는 '이성'을 옹호하려는 시도가 아니라, 새로운 사유의 방식들을 산출하려고 시도하는 비판 말이다. 그의 탐구는 우리 자신에 관한 지식이 어떻게 지배의 테크닉들과 복잡한 방식으로 연결되어 있는지를 분석하며, 또 지배의 종말이나 우리가 역사로부터 이탈하는 것을 자유로 간주하지 않고 오히려 역사가 언제라도 변화될 수 있도록 만드는 저항으로 본다. 푸코 철학은 따라서 규범적인 것도 아니고 그저 기술記述적인 것도 아니다. 그것은 호기好機이고 도화선이며 도전이다. 그것은 모험이지, 보장되고 지지되고 확보된 것이 아니다. 즉 그것은 늘 끝나지 않은 채로 남아 있다.

이런 철학은 보증되거나 확립된 것일 수 없기 때문에 특이한 정치적, 지적 역할을 갖는다. 이 철학에서 말하는 자유는, 예를 들면 민주주의사회에서 '발언의 자유'를 보장하는 것보다도 더 복잡한 정치전략을 필요로 한다. 이 철학이 구하는 진리는 합리적 기준들의 준수 이상의 것이다. 이 진리는 한 민중의 소리를 명료하게 표명하는 데 있는 것도 아니고 그들의 행복과 복지의 행정적 관리를 위해 필요한 조치를 취하는 데 있는 것도 아니다. 철학은 정부가 규정할 수 없는 '자유로운 사유'이며, 정부는 그 철학의 진리를 법제화할 수 없다.

지적으로나 정치적으로나 푸코 철학은 주체성을 둘러싼 구체적 논쟁과 충돌, 논의, 역설의 현전을 지향한다. 그것들은 형무소 반란에서의 요구사항들에 현전하고, 정신의학제도들에 대한 이의제기에, 성적으로 '일탈된 자들'의 주장에, 그리고 모더니즘의 문화형식과 포스트모더니즘 문화형식의 정치전략에 현전한다.

여러 '휴머니즘' 철학은 줄곧, 철학적으로 보장된 진정한 주체성의 소외 모델 또는 그것에 대한 억압 모델을 도입하는 토대론적 양식

속에서 주체성의 문제를 이해하려고 시도해 왔다. 푸코의 '안티휴머니즘' 철학은 오히려 역사적 관점에서 주체성의 문제화를 이해하면서 그것을 우리의 토대론적 자유가 아니라 우리의 진짜 자유에 관한 쟁점으로 이해한다. 그 철학은 억압받지 않는 프로이트적 주체 모델과 소외받지 않는 마르크스적 주체 모델을 대신해 주체의 경험이 구성될 때 매개되는 형식들에 관한 완결되지 않는 문제화와 같은 '니체적' 모델을 도입하려고 시도한다.

그러므로 푸코가 제안하는 것은 지식인의 새로운 기능과 윤리이다. 그것은 자신의 선택이나 기투 또는 예술작품을 확고하게 하는 자기 경험의 진정성을 발견하려는 시도가 아니라, 자기에 대한 '진실'과 자기 사유에 대한 '진실'에 늘 문제를 제기하려는 시도인 것이다. 그것은 새로운 사유양식과 행동양식의 발명을 요구한다. 그것은 푸코가 [기존의]'자기 자신으로부터 벗어나기'se déprendre de soi-même[22]라 부르는 바의 윤리다. 그 윤리는 자신의 사유 속에서 '자기'라는 역할에 끊임없이 문제를 제기하고 그것을 변화시키는 것이다.

푸코는 토대론에 관한 철학이 아니라 모험에 관한 철학을, 자유에 대한 끝없는 질문에 다름 아닌 철학을 창안한다.

---

22) 『쾌락의 활용』, 우리말역 23쪽, 원서 p. 15.

인용문헌(푸코의 저작)

1962 "Introduction", Jean-Jacques Rousseau, *Rousseau juge de Jean Jaques: Dialogues*, Paris: A. Colin.

1963 *Raymond Roussel*, Paris: Gallimard.

1964 "La Folie, l'absence d'oeuvre", *La Table Ronde*, no. 196.

1966 *Les mots et les choses*, Paris: Gallimard(『말과 사물』, 이규현 옮김, 민음사, 2012).

1969 *L'Archéologie du savoir*, Paris: Gallimard(『지식의 고고학』, 이정우 옮김, 민음사, 2000).

1970 *The Order of Things*, New York: Random House(위의 *Les mots et les choses*의 영역판).

1972 *The Archaeology of Knowledge*, New York: Harper(위의 *L'Archéologie du savoir*의 영역판).

1975 *I, Pierre Rivière*, trans. Frank Jellinek, New York: Pantheon(*Moi, Pierre Rivière*, Paris: Gallimard, 1973의 영역판).

1975 *Surveiller et Punir*, Paris: Gallimard(『감시와 처벌』, 오생근 옮김, 나남, 2007).

1977 *Discipline and Punish*, trans. Alan Sheridan, New York: Pantheon(위의 *Surveillsurv et Punir*의 영역판).

1977 *Language, Counter-Memory, Practice*, trans. Donald F. Bouchard, Ithaca N.Y.: Cornell University Press.

1978 *The History of Sexuality*, New York: Pantheon(*Histoire de la Sexualité I. La Volonté de savoir*, Paris: Gallimard, 1976의 영역판. 『성의 역사 I: 지식의 의지』, 이규현 옮김, 나남, 2004).

1979 "On Governmentality", *Ideology and Consciousness*, no. 6, p. 22(「4강. 1978년 2월 1일」, 『안전, 영토, 인구』, 오트르망 옮김, 난장, 2011; 「통치성」, 콜린 고든 외, 『푸코 효과』,

이승철 외 옮김, 난장, 2014).

1980 *L'impossible Prison*, Paris: Editions du Seuil.

1980 *Power/Knowledge*, trans. Colin Gordon, New York: Pantheon.

1981 "Est-il donc important de penser ?", *Libération*, no. 15.

1980 "Georges Canguilhem: Philosopher of Error", *Ideology and Consciousness*, no. 7, pp. 52~59.

1984 *L'Usage des Plaisirs*, Paris: Gallimard(『성의 역사 II: 쾌락의 활용』, 문경자·신은영 옮김, 나남, 1990).

옮긴이 후기

이 책은 존 라이크먼의 『미셸 푸코, 철학의 자유』*Michel Foucault: The Freedom of Philosophy*, 1985의 번역본이다. 존 라이크먼은 1946년 6월 25일에 태어난 미국의 철학자이다. 그의 연구는 예술사, 건축 그리고 유럽 대륙철학의 영역에 폭넓게 걸쳐 있고 그는 현재 뉴욕의 컬럼비아 대학에 재직 중이다. 이 책을 출간할 당시인 1985년에 그는 포담대학교 철학과 조교수였고, 『포스트 분석철학』*Post-analytic philosophy*, 1985의 공저자로 참여했다. 그 외에도 논문 「니체, 푸코, 권력의 아나키즘」 "nietzsche, Foucault and the Anarchism of Power", in *Semiotexte*, 1977이 있고, 프랑스의 정신분석학자 자크 라캉을 연구했으며, 자크 데리다의 *Marges*를 번역했다. 1990년대와 2000년대에는 *Philosophical Events*(1991), *Truth and Eros, Foucault, Lacan and the Question of Ethics*(1991), *The Identity in Question*(1995), *Construction*(1998), *The Deleuze Connections*(2000), *Rendre la terre légère*(2005), *French philosophy Since 1945*(2011) 등을 집필했다. 라이크먼은 미셸 푸코, 질 들뢰즈, 자크 데리다, 폴 비릴리오 등 프랑스를 대표하는

현대 사상가들을 미국에 소개하고 보급한 현대 프랑스 사상에 정통한 철학자이다.

1980년대에 미국과 영국 등 영어권 국가들을 중심으로, 이어서 프랑스에서도 푸코에 관한 시론은 단행본으로 다수 출판되었다. 라이크먼의 이 저서는 허버트 드레이퓌스와 폴 라비노의 『미셸 푸코: 구조주의와 해석학을 넘어서』*Michel Foucault: Beyond Structuralism and Heurmeunetics*, 1982와 들뢰즈의 『푸코』*Michel Foucault*, 1986와 더불어 1980년대 가장 탁월하고 중요한 푸코에 관한 시론으로 통했고 오늘날도 여전히 그런 것 같다.

라이크먼의 이 책은 원문이 125쪽에 불과한 작은 책이지만 그 내용의 심도는 대단히 깊고 강도는 대단히 높으며 도처에서 푸코에 대한 독창적인 해석이 발견된다. 라이크먼은 이 저서를 통해 푸코의 사유의 운동과 흐름 그리고 변화를 정밀하게 추적한다. 들뢰즈가 강조하였듯이, 비평의 대상이 되는 것과 공감할 수 있는 역량은 모든 비평 작업에 반드시 필요한 덕이라 생각된다. 그래야만 이 비평 작업이 우리의 삶에 유의미하고 유용할 수 있을 것이다. 푸코를 비평하기 위해서는 우선 그와 문제 의식을 공유할 필요가 있다. 독자가 전통적 사상사의 관점과 방법론을 고수한다면 푸코 사유의 정수를 파악하기는 쉽지 않을 것이고, 또 예를 들어 헤겔주의적 관점이나 '경직된' 마르크스주의적 관점을 고수한다면 유의미한 것을 끌어내기는 더더욱 힘들 것이다.

푸코와 관련해 문제 의식을 공유한다는 것은 현대 세계와 현대 사상에서 무엇이 관건이 되는지, 또 문제의 소재가 어디에 있는지와 관련해 푸코와 관심을 공유하는 것이리라. 다시 말해 하버마스류의 보편 지식인의 관점에서가 아니라 푸코가 강조하는 특수 지식인의 관점에서 문제에 접근할 필요가 있다. 이러한 관점에 입각해 1980년대에 출간된 주목할 만한 대표적인 저서들이, 전술한 들뢰즈의 푸코론과 드레이퓌스와 라비노의 푸코론 그리고 라이크먼의 이 책이라고 생각된다.

라이크먼은 미셸 푸코의 사유가 '허무주의'가 아니라 '회의주의'라는 점을 강조한다. 다시 말해서 푸코의 사유는 보편사와 인간중심주의와 같은 포스트칸트주의의 도그마들을 동요시켜 해체하고 또 역사 속에서 출현한 특이성들과 복수성들에 대한 연구에 몰두하였다는 사실을 설득력 있게 제시한다. 푸코가 행한 분석의 정치적 중요성은 바로 이 회의주의적 '자유'로부터 기인한다는 것이다.

라이크먼은 푸코가 어떻게 문학과 언어의 중요성과 관련된 논지들을 점차 포기하게 되었는지 그 연유와 과정을 추적하고 이를 통해 그가 어떻게 모더니즘 개념을 수정하고 재평가하게 되었는지를 날카롭게 분석한다. 푸코는 모더니즘 예술, 특히 문학이 '자기로의 회귀', 자기 참조로 인해 예술의 본질에 도달했다는 논지를 전개한다. 그리고 푸코는 예술의 본질이 모든 경험의 기원이고 동시에 본질이라는 두 번째 논지를 개진한다. 요컨대 예술의 한계 위반적 성격에 과도한 가치를 부여하는 '모더니즘의 숭고' 이론이 여기서 문제가 된다. 세 번째 논지에서 푸코는 예술이 경험의 한계의 숭고한 침범 속에서 자신을 대상으로 삼을 수 있는 모더니즘 문화는 언어의 문제가 근본적인 문제가 되는 그런 문화라고 피력한다. 이런 맥락에서 『말과 사물』은 언어의 회귀의 역사에 관한 책이라고 할 수 있다. 이 세 테제에 입각해 푸코는 칸트나 베버가 지식의 영역들(이론, 실천, 미학)의 독자성과 독자화로 특징짓는 모더니즘론과는 완전히 다른 모더니즘론을 제시한다. 요컨대 푸코의 모더니즘론에 따르면 에피스테메는 지식의 영역들을 관통해 동형의 구조를 드러내고 과학의 문제, 미학의 문제, 도덕의 문제는 모두 언어의 문제로 환원된다. 라이크먼은 푸코의 이 모더니즘론이 얼마나 문학에 지나치게 경도된 이론인지, 또 푸코가 얼마나 문학을 목적론적으로 사유하고 있는지를 설득력 있고 독창적인 방식으로 설명한다. "언어는 우리 존재의 한계들이 된다. 이러한 한계들은 오직 위반적 에크리튀르 내에서만 초극된다. 작가는 우리 시대의 영웅이다"(본서 45쪽). 모더니티의 주인공은 데카르트가 아니라 세르반테스라는 것이다. 고고학에서 계보학으로의 이행은 푸코가 이 세 테제를 포기함으로써 발생했고 그 결과 담론이론으로부터 권력이론으로의 이행이 발생했다고 라이크먼은 피력한다. 그러고 나서 라이크먼은 이 권력론이 왜 그리고 어떻게 개별화의 형태에 관한 이론인지, 또 어떻게 주체성의 구성의 문제를 중심으로 전개되는지, 그리고 어떻게 '자기돌봄'과 주체성의 윤리와 관련된 푸코의 최후의 작업을 예고하는지를 설명한다.

제2장(「저항의 정치전략」)에서 라이크먼은 혁명의 이상과 계몽의 보편성에 이의를 제기하는 푸코의 정치적 입장을 환기하고, 푸코가 자신의 유명론적이고 실증주의적인 철학으로 인해 '자유'와 '비판'에 할애할 자리를 마련하는 데 어려움을 겪었다는 점을 지적한다. 하지만 제3장 「비판의 변형」에서 라이크먼은 왜 항시 푸코가 '비판적' 철학자

였는지, 그리고 그가 항시 목표로 삼은 것은 개인들이 알지 못하는 사이에 그들의 삶 속에 침투해 행사되는 권력장치에 대한 문제화였는지를 큰 어려움 없이 보여 준다. 고발이나 슬로건과는 거리가 먼 이러한 푸코의 비판은 그의 분석이 갖는 특성 자체로부터 결과된다. 뿐만 아니라 푸코의 작업은 비판이론과 하버마스의 작업과도 대단히 다르다. 이 차이는 본서 123~134쪽에 잘 분석되어 있다. 그리고 라이크먼은 이 비판의 자유를 다음과 같이 설명한다. "푸코의 비판에서 자유는, 우리가 실천적인 것으로 만들어야 하는 하나의 이상이 아니다. 그것은 이미 실천적이며, 사실 매우 구체적이다. 그것은 구체적인 권력 상황 속에서 누가 무엇을 하고자 하는지의 문제다. 그 근본은 만인이 합리적으로 받아들여야 하는 규칙들에 의거한 행동결정능력이나 자율성에 있는 것이 아니라, 오히려 예속에 대한 저항, 묵인에 대한 거부, 요컨대 우리가 자기 자신이나 상대방을 서로 이해하고 통치할 때 매개가 되는 실천들에 자기 자신을 끼워 맞추는 데 대한 거부에 있는 것이다"(본서 148쪽). 그러므로 자유의 문제는 저항의 문제이다.

이 책은 푸코의 '자유의 문제'를 추적하고 푸코의 난해한 논점을 선명하게 풀어내기도 한다. 예를 들어 라이크먼은 푸코가 비합리주의자라는 사실이 정확히 무엇을 의미하는지를 해명하며 "푸코가 주장하는 바는, 우리가 모든 합리적 사유를 잃지 않아도, 우리의 민주주의 제도를 파괴시키지 않고서도, 또 우리의 경제를 파산시키지 않고서도, 저 '이성' 개념을 포기할 수 있다는 점이다"(본서 186쪽). 대단히 탁월한 지적이 아닐 수 없다.

이 책은 단순한 푸코 입문서가 아니다. 대단히 독창적이고 심도 있는 푸코론이다. 하지만 차분히 독서하면 이제까지 존재하지 않았던 푸코의 사유에 대한 새로운 전망을 여는 것도 가능하리라 생각한다. 예를 들면 1960년대에 푸코는 바타이유, 블랑쇼를 논하고 누보로망 작가들과도 긴밀한 교류를 했다. 1960년대의 푸코는 『레몽 루셀』*Raymond Roussel*, 1963에 집약된 문학적인 푸코였다. 그러나 1968년 '학생혁명' 이후 푸코의 저서에서 문학에 대한 언급이 갑작스럽게 거의 사라져 버린다. 이 변화는 잘 기술된 푸코론이라면 틀림없이 주목하게 되는 논점이긴 하지만 그 해명은 전적으로 불충분했다. 그런데 라이크먼은 본서의 제1장 서두에서 "문학이론의 최후를 고하는 백조의 노래"로서 이 변화의 과정을 명쾌하게 해명한다. 참으로 탁월한 분석이 아닐 수 없다. 이 책의 3분의 1을 차지하고 가장 탁월한 장이라 할 수 있는 제1장은 현대문학, 언어이론, 구조주의에 관심이 있는 독자들에게 풍부한 시사점들을 던져 줄 것이다.

독자들은 광기, 질병, 감옥, 성을 다루는 푸코의 역사가 전통적 방식에 입각해 기술된 역사와는 다르고, '아날학파'의 역사와도 다르다는 점을 잘 알고 있다. 이 정도의 차이를 지적하는 일은 어려운 일은 아닐 것이다. 하지만 막상 푸코의 역사를 경유하는 철학이 갖는 특징이 어디에 있는지 설득력 있게 설명하려고 하는 순간 그것은 정말 난해한 작업이 되고 만다. 폴 벤느의 논문 「역사학을 혁신한 푸코」(본서 84쪽)에서 주창된 '유명론적 역사'의 관점에서 힌트를 얻은 라이크먼은 폴 벤느의 이러한 생각을 더욱 심화시켜 진전시킨다. 하지만 "유명론은 푸코에게는 방법론적 선택 또는 철학적 선택 이상의 것이었다. 그가 기술하는 역사 자체가 유명론적 역사다. 그것은 사물들의 역사가 아니라, 어떤 종류의 사물들이 어떤 시기에 논의와 절차의 전체적인 배치의 중심을 이루게 될 때 그 매개가 되는 용어, 범주, 그리고 테크닉의 역사이다. 어떤 사물들이 어떻게 '구성되는가'와 같은 철학적 문제에 푸코는 역사적 답변을 내놓는다고 말할 수도 있을 것이다"(본서 87쪽). 사물이 문제로서 어떻게 구성되는지를 문제화하는 것은 철학의 과제이다. 그러나 푸코는 이 문제를 역사 속에서, 그리고 현대 세계 내에서 이론이 실천이고, 실천이 이론이라는 관점에 입각해 탐구한다. 역사가 푸코가 역사가들에게 혐오의 대상이 되었고, 또 철학이 결여된 역사가들에게 더욱 혐오스러운 대상이 되었던 이유도 바로 이런 차이에서 기인한다. 역사철학이기는 해도 푸코는 헤겔류의 역사철학의 연장선에 있지 않고 니체의 계보학과 깊은 유연관계가 있다. 그리고 라이크먼은 푸코 철학의 모토로서 저항과 자유를 강조한다. 우리는 이것을 다음과 같은 라이크먼의 지적에서 확인할 수 있다. "푸코에게서 철학은 철학자가 아닌 사람들에게, 즉 철학을 직업으로 삼지 않는 사람들에게 의미가 있어야 한다. 철학하기의 핵심은 논쟁과 저항이 다양한 형태의 경험들 속에 존재하는데, 그 경험은 주변에서 새로운 사유 방식들을 끌어내는 일이다. 그의 철학은 그의 유명론적 역사 속에서 문제화되는 경험과 관련된 당사자들을 위한 것이다. 심지어 이러한 역사분석의 '진리'는 새로운 사유를 '자유롭게 해방하는' 데 있다는 것이 그의 철학의 기본 원리라고 말할 수도 있을 것이다"(본서 151~152쪽).

이 책에서는 또한 푸코의 '권력과 자유'에 대한 새로운 해석이 눈에 띈다. '권력'과 '자유'라는 주제계는 제2장 「반항의 정치전략」에서 논의되고 있고, 그 주제계를 가로지르는 거대한 지도선은 '정치전략' 개념이다. 이 개념을 라이크먼은 유명론적 개념으로 생각한다. 왜냐하면 유명론직 '권력' 분석에시 심층 수준에서 우리의 정치 형태를 구성하고 있는 것은 환원 불가능할 정도로 분산된 표층을 갖는 익명의 전략적 배치이기 때문이다.

이 심층의 권력 배치는 고전주의시대나 현대 사회에서도, 사회주의나 자본주의에서도 마찬가지로 발견된다. 현대 사회에서 지식인이 전개해야 하는 정치전략은 무엇이며, 철학의 역할은 무엇이어야 하는지를 라이크먼은 제3장과 제4장에서 논한다. 제4장에서 '칸트적 문제'와 이와 대척점에 서 있는 것처럼 보이는 '니체의 정치전략'이라는 두 문제는 진리와 진실을 둘러싼 정치전략과 정치적 안티휴머니즘으로 대표될 수 있는 '권력과 자유'의 현대적 특성을 푸코의 입장 변화의 기술을 통해 탁월하게 분석하고 있다. 요컨대 고고학에서 계보학으로 이행한 푸코 철학이 사용하는 '정치전략'은 "국가 및 국가제도에 관한 비판이 아니라, 우리 자신과 우리 경험을 생각하는 새로운 방식들을 시작하는 비판이며, 그 어떤 국가도 이를 무시할 수 없다"(본서 184~185쪽).

칸트, 니체, 하이데거를 논하고 영 · 미 프랑스의 현대 사상가의 논쟁에 참여해 라이크먼은 하버마스를 비판하면서 현대에 관건이 되는 지식의 정치전략이 무엇인지를 분석하고, 철학자와 지식인 본연의 임무와 자세는 무엇이었고 무엇이며 무엇이어야 하는지를 푸코의 창을 통해 규명해 보려고 야심 차게 시도했다. 이는 오늘날 우리에게도 대단히 유용한 사유와 실천의 도구상자를 제공할 것임에 틀림없다.

2020년 8월 22일 우이동 연구실에서
역자 심세광

• 그린비 철학의 정원으로 여러분을 초대합니다 •

001 **하이데거의 사이-예술론** 김동규 지음
고대 그리스 철학, 독일 관념론과 낭만주의, 미학 등 예술과 철학을 아우르는 여러 사유 전통을 치열하게 연구해 온 철학자 김동규가 '사이' 개념을 중심으로 하이데거의 예술철학을 해명한 책.

002 **17세기 자연 철학** 김성환 지음
갈릴레오, 데카르트, 홉스, 뉴턴, 라이프니츠의 자연 철학 연구를 살펴봄으로써 근대 과학주의 세계관이 탄생 과정을 고찰한 책.

003 **해체와 파괴** 미하일 리클린 지음 | 최진석 옮김
구소련 출신 철학자 미하일 리클린이 현대 철 학자 10인을 만나 새로운 사회의 가능성을 묻다. 데리다 해체론과 가타리 분열분석에서 모색하는 해체의 실천.

004 **베르그손의 잠재적 무의식** 김재희 지음
무의식 개념을 통해 집대성한 베르그손 철학의 모든 것, 인간의 조건을 넘어서는 베르그손의 창조적 생성의 사유를 만난다.

005 **낭만주의의 명령, 세계를 낭만화하라** 프레더릭 바이저 지음 | 김주휘 옮김
미국의 저명한 철학사가 프레더릭 바이저가 초기 독일낭만주의에 대한 기존의 통념을 깨고 새로운 해석을 제시한다.

006 **가능세계의 철학** 미우라 도시히코 지음 | 박철은 옮김
우리가 살고 있는 현실과는 다른 상상의 세계, 가정된 세계가 어떻게 실재하는지에 대한 논증.'가능세계'에 관한 여러 논점을 꼼꼼히 소개한 가능세계론 입문서.

007 **현상학이란 무엇인가** 피에르 테브나즈 지음 | 김동규 옮김
스위스의 천재 철학자 피에르 테브나즈의 책으로, 후설에서 하이데거, 사르트르 그리고 메를로퐁티로 이어지는 20세기 현상학적 사유의 흐름을 체계적으로 정리한 탁월한 해설서.

008 **해체와 윤리** 문성원 지음
레비나스를 필두로 들뢰즈, 데리다, 바디우 등 서구 현대철학의 거장들을 논의하며, 지금 우리 사회에 요청되는 '윤리'를 새롭게 정의하다.

009 **신체와 자유** 심귀연 지음
프랑스 현상학사 모리스 메를로-퐁티의 '신체론'을 참조하여 정신과 신체를 구분하는 근대의 이분법적 도식에 문제를 제기한다.

010 **화이트헤드의 유기체철학** 김영진 지음
난해하기로 유명한 화이트헤드의 철학을 '가능태'와 '현실태' 개념을 통해 살펴보며, 그의 유기체철학이 21세기 대안적 사유로 제시될 수 있음을 보여 준다.

011 **토포스** 나카무라 유지로 지음 | 박철은 옮김
우리가 살고 있는 이곳 '장소'란 무엇인가? 고대 그리스 철학부터 현대 과학에 이르기까지 한눈에 보는 장소론.

012 **20세기의 매체철학** 심혜련 지음
벤야민, 아도르노에서 보드리야르, 비릴리오에 이르기까지, 당대의 매체현상을 심도 있게 연구한 매체철학자 10인의 사유를 소개하는 책.

013 **칸트 미학** 크리스티안 헬무트 벤첼 지음 | 박배형 옮김
칸트 미학의 중핵을 이루는 저작 『판단력 비판』을 오늘의 독자들도 수월히 이해할 수 있도록 텍스트에 밀착해 해설한 책.

014 **그리스 미학** 존 깁슨 워리 지음 | 김진성 옮김
고대 그리스인들의 미학적 관념을 플라톤과 아리스토텔레스의 저작들을 통해 정리해 낸 미학 입문서.

015 **존재의 충만, 간극의 현존 1, 2** 조광제 지음
프랑스 현상학의 선구자 장폴 사르트르의 『존재와 무』를 강해한 책으로, 2009년 1월부터 2010년 12월까지 진행한 강의록를 토대로 했다.

016 **미학적 힘** 크리스토프 멘케 지음 | 김동규 옮김
이성과 감성을 하나로 통합시키려던 바움가르텐의 기획을 넘어서, '힘의 미학'이라는 이름으로 미학사를 다시 쓴다.

017 **허구세계의 존재론** 미우라 도시히코 지음 | 박철은 옮김
대학에서 철학을 가르치는 연구자이자 소설가이기도 한 저자가 분석철학적 기법을 활용해 허구세계의 존재를 증명해 나가는 독특한 주제의 책.

018 **에티카를 읽는다** 스티븐 내들러 지음 | 이혁주 옮김
스피노자 연구의 권위자 스티븐 내들러의 『에티카』 해설서이다. 최근의 연구 성과들을 토대로 다양한 쟁점들을 소개함으로써 『에티카』를 둘러싼 맥락을 꼼꼼하게 살펴본다.

019 **하이데거의 『존재와 시간』 강독** 박찬국 지음
하이데거 연구자인 박찬국 교수의 『존재와 시간』 해설서로서 『존재와 시간』의 문맥을 세세하게 읽으며 철학 입문자들에게 하이데거의 철학 세계를 안내한다.

020 **니체와 하이데거** 박찬국 지음
'하이데거의 니체 해석'에 초점을 맞추어 양자 철학의 정수를 면밀히 고찰하고 근대 문명의 극복을 위한 단초를 제공하는 책.

021 **현대 기술·미디어 철학의 갈래들** 이광석 외 지음
아홉 명의 국내 기술·미디어 연구자들이 각각 한 명씩 우리 현실에 중요한 의미를 던지는 철학자를 선정해 그들의 사유를 풀어내고 이해와 수용의 맥락을 짚는다.

022 **철학적 이성의 조건** 피에르 테브나즈 지음 | 이철우 옮김
'이성의 환원'이라는 신앙체험 이후 신앙과 철학적 이성이라는 두 가지 테제를 변증법적 고찰을 통해 어떻게 독창적 철학 체계로 구축해 나가는지에 대한 생생한 기록.

023 **레비나스 철학의 맥락들** 김정현 엮음
레비나스의 사유를 오늘날 한국 사회에서 어떻게 받아들이고 시대와 장소에 맞는 생명력을 부여할 수 있을지에 대한 고민이 담긴 레비나스 연구자들의 글들을 모았다.

024 **민중과 그로테스크의 문화정치학** 최진석 지음
구소련 출신의 러시아 이론가로 대화주의와 다성악, 민중문화에 관한 저술로 잘 알려진 미하일 바흐친과 그의 사상을 재조명한다.

025 **형태와 정보 개념에 비추어 본 개체화** 질베르 시몽동 지음 | 황수영 옮김
현대의 생성형이상학과 기술철학에 큰 영향을 준 질베르 시몽동의 박사학위 주논문이자 대

표작. 시몽동의 생성철학, 존재론, 인식론, 과학철학, 인간학이 담겨 있다.

026 **시몽동, 개체화 이론의 이해** 황수영 지음
질베르 시몽동의 대표작『형태와 정보 개념에 비추어 본 개체화』의 이해를 위한 길잡이. 시몽동 사상의 맥락과 궤적을 읽는다.

027 **레비나스와 정치적인 것** 김도형 지음
레비나스의 '정치'사유를 주제적으로 탐구하려는 최초의 시도로서 '윤리'를 통해 정치의 공간과 개념을 새롭게 경계 짓고 또 넘어설 수 있는 단초를 제공한다.

028 **들뢰즈의 미학** 성기현 지음
들뢰즈는 예술에 대한 우리의 관점을 어떻게 변화시키는가? '미학자'들뢰즈와의 만남을 위한 포괄적이고 입체적인 지도.

029 **후설 철학에서 발생의 문제** 자크 데리다 지음 | 심재원 · 신호재 옮김
자크 데리다가 20대에 쓴 최초의 저작이다. 변증법에서 차연으로, 이후 전개된 그의 사색의 초기 형태를 탐색할 수 있는 기회를 제공한다.

030 **스피노자와 표현 문제** 질 들뢰즈 지음 | 현영종 · 권순모 옮김
들뢰즈의 박사학위 논문인『차이와 반복』의 부논문. 들뢰즈는 표현 개념에 비추어 스피노자의 철학이 일의성의 철학, 긍정과 기쁨의 철학임을 해명하고자 한다.

031 **권력의 정신적 삶** 주디스 버틀러 지음 | 강경덕 · 김세서리아 옮김
미국의 저명한 페미니스트인 주디스 버틀러의 저작. 니체, 프로이트, 푸코, 등 다양한 철학자의 이론을 비판적으로 수용하며 주체 일반의 형성 메커니즘과 성적 주체성의 문제를 다룬다.

032 **푸코** 질 들뢰즈 지음 | 허경 옮김
푸코의 철학적 토대와 푸코의 주요 주제인 지식, 형벌, 권력 및 주체의 성격을 살펴보면서, 푸코 연구에 대한 결정적이고 생산적인 분석을 제시한다.

033 **신체, 대중들, 역량** 워런 몬탁 지음 | 정재화 옮김
자율적인 주체와 정신의 지배라는 인간학적 가상인 '정치적 몽유병'에서 어떻게 깨어날 수 있을까를 스피노자의 이론을 중심으로 논의한다.

034 **과잉에 관하여** 장 뤽 마리옹 지음 | 김동규 옮김
은 과도한 현상의 주어짐을 '포화된 현상'이라는 개념으로 풀어내며, 우리의 인식 능력마저도 무능하게 만들어버리는 압도적인 현상의 힘을 첨예하게 드러낸다.

035 **아포하** 마크 시더리츠 외 엮음 | 권서용 · 원철 · 박종식 옮김
기원전 4세기까지 소급할 수 있는 인도 언어철학의 흐름을 살피고, 세계적인 연구자들이 인도불교의 핵심 논리인 아포하론을 현대적인 관점에서 새롭게 해석한 시도를 담고 있는 책.

036 **푸코의 예술철학** 조지프 J. 탄케 지음 | 서민아 옮김
푸코의 사유를 바탕으로 각각의 예술 작품이 새로운 존재 형태를 빚어가는 과정, 작품이 그 출현에 영향을 미치는 현장에 응답하고 그 현장을 변화시키는 과정을 탐구한다.

037 **메를로퐁티 현상학과 예술세계** 신인섭 엮음
미술사가, 미학자, 철학자 등 총 8명의 다양한 지적 통찰을 바탕으로 예술이란 장르를 메를로퐁티 현상학의 시각에 입각해 탐구하였다.

미셸 푸코, 철학의 자유

발행일 개정초판1쇄 2020년 9월 22일 | **지은이** 존 라이크먼 | **옮긴이** 심세광

펴낸이 유재건 | **펴낸곳** (주)그린비출판사 | **주소** 서울시 마포구 와우산로 180, 4층

주간 임유진 | **편집** 신효섭, 홍민기 | **디자인** 권희원

마케팅 유하나 | **경영관리** 유수진 | **물류유통** 유재영

전화 02-702-2717 | **팩스** 02-703-0272 | **이메일** editor@greenbee.co.kr | **등록번호** 제2017-000094호

ISBN 978-89-7682-637-4 93160

이 도서의 국립중앙도서관 출판예정도서목록(CIP)은 서지정보유통지원시스템(http://seoji.nl.go.kr)과 국가자료종합목록구축시스템(http://kolis-net.nl.go.kr)에서 이용하실 수 있습니다.(CIP제어번호: CIP2020038055)

철학과 예술이 있는 삶 **그린비출판사** www.greenbee.co.kr